AF391425

COMTE LÉON TOLSTOÏ

LA

PUISSANCE DES TÉNÈBRES

DRAME EN CINQ ACTES ET SIX TABLEAUX

traduit du russe

PAR

ISAAC PAVLOVSKY & OSCAR MÉTÉNIER

« Une fois sa patte engluée,
l'oiseau est bientôt pris. »

PARIS

TRESSE & STOCK, ÉDITEURS

8, 9, 10, 11, GALERIE DU THÉATRE-FRANÇAIS

Palais-Royal

1888

Droits de traduction, reproduction et d'analyse réservés

PERSONNAGES

NIKITA, 25 ans, bellâtre............... MM. MÉVISTO.

AKIM, 50 ans, père de Nikita, paysan
    malingre et dévot................ ANTOINE.

PIOTR, 42 ans, paysan riche, marié
    en secondes noces, maladif....... CERNAY.

MITRITCH, vieil ouvrier, soldat en
    retraite........................ PAUL DORNANS.

PÈRE DU FIANCÉ D'AKOULINA,
    paysan grincheux .... PINSARD.

LE MARI DE MARINA............... TINBOT.

L'OURIADNICK .... DOW.

LE FIANCÉ D'AKOULINA .... ANDRÉ BERTIN.

UN COCHER...................... CHAMOISEL.

UN GARÇON D'HONNEUR .... FRÉDÉRICK.

LE STAROSTA .... MAYER.

ANICIA, 32 ans, paysanne coquette... Mᵐᵉˢ LUCIENNE DORSY.

MATRIONA, 50 ans .... BARNY.

AKOULINA, 16 ans, fille de Piotr
    (en premières noces), un peu
    sourde et simple d'esprit......... LUCE COLAS.

ANIOUTKA, 10 ans................ LA PETITE WALTER.

MARINA, 22 ans................... DENEUILLY.

MAVRA, la Commère.............. T. FRANK.

MARFA, sœur de Piotr.............

UNE VOISINE..................... } FERNANDE.

PREMIÈRE JEUNE FILLE......... NOIREZ DE LUSSY.

DEUXIÈME JEUNE FILLE......... EVE CARDINAL.

UNE MARIEUSE.................. BLONDIN.

PEUPLE, INVITÉS, FEMMES, JEUNES FILLES.

LA

PUISSANCE DES TÉNÈBRES

DRAME EN CINQ ACTES ET SIX TABLEAUX

Représenté pour la première fois au THÉATRE LIBRE,
le 10 février 1888.

A LA MÊME LIBRAIRIE

LA PUISSANCE DES TÉNÈBRES [1]

ACTE PREMIER

L'action se passe en automne dans un grand village. La scène représente la grande izba de Piotr. Piotr, assis sur un banc, arrange un collier de cheval. Anicia et Akoulina filent.

SCÈNE PREMIÈRE

PIOTR, ANICIA et AKOULINA.

(Les deux femmes chantent.)

PIOTR, regardant par la fenêtre.

Encore les chevaux partis ! Décidément, ils vont tuer mon poulain ! Nikita ! Eh ! Nikita ! Il est devenu sourd ! (Il écoute et s'adressant aux femmes.) Assez ! vous autres, on n'entend rien !

VOIX DE NIKITA, au dehors.

Quoi!

PIOTR.

Fais rentrer les chevaux.

---

(1) Cette traduction a été corrigée par l'auteur, le comte Léon Tolstoï.

VOIX DE NIKITA.

Tout à l'heure, attends !

PIOTR, secouant la tête.

Oh ! ces domestiques ! Si j'étais bien, jamais je n'en aurais ! Une source de péchés pour les maîtres ! Nikita ! Vous avez beau crier... (Se retournant vers les femmes.) Allez donc, quelqu'une de vous autres... Akoulina, va donc les faire rentrer !

AKOULINA.

Les chevaux ?

PIOTR.

Quoi donc ?

AKOULINA.

Tout de suite. (Elle sort.)

SCÈNE II

PIOTR, ANICIA.

PIOTR.

Quel flemmard, ce garçon-là ! Il n'est pas soigneux ! Avant qu'il ait pris le temps de se lever, de se... que sais-je ?

ANICIA.

Tu peux parler ! Tu es joliment remuant, toi ! Il va du poêle au banc et il est exigeant pour les autres !

PIOTR.

Si on n'est pas exigeant avec vous autres, dans un an on ne retrouvera plus la maison ! Ah ! quel peuple !

ANICIA.

Tu fourres dix choses à faire à la fois et tu grognes encore ! Etendu sur le poêle, c'est pas malin de commander !

PIOTR, soupirant.

Si la maladie n'avait pas jeté le grappin sur moi, je ne l'aurais pas gardé un seul jour.

VOIX D'AKOULINA.

Psio ! Psio ! Psio ! (On entend un poulain hennir et les chevaux entrent par la porte cochère. Les portes grincent.)

PIOTR.

Blaguer, c'est son affaire ! Ah ! pour sûr, je ne l'aurais pas gardé !

ANICIA, le contrefaisant.

Je ne l'aurais pas gardé !..... Je voudrais te voir à l'œuvre et tu pourrais causer après.

SCÈNE III

LES MÊMES, AKOULINA.

AKOULINA, entrant.

Ah ! j'en ai eu du mal ! Y a toujours le grison, qui ne voulait pas rentrer.

PIOTR.

Et Nikita donc, où est-il ?

AKOULINA.

Nikita ? Il est dans la rue.

PIOTR.

Et qu'est-ce qu'il y fait ?

AKOULINA.

Ce qu'il fait ? Il est au coin, il bavarde.

PIOTR.

Ah ça ! on ne tirera donc rien d'elle !... Avec qui bavarde-t-il ?

AKOULINA, distraite.

Quoi ? (Piotr fait un mouvement de dépit ; Akoulina se remet à filer.)

SCENE IV

LES MÊMES, et ANIOUTKA.

ANIOUTKA, entrant vivement, à sa mère.

Le père et la mère de Nikita sont là. Ils veulent l'emmener pour le marier. Que je meure si ce n'est pas vrai !

ANICIA.

Vrai?

ANIOUTKA.

Vrai! Que je meure tout de suite ! (Elle rit.) Je passais et il y a Nikita qui m'a dit : — Adieu, qu'il m'a dit, Anna Petrovna ! N'oublie pas de venir t'amuser à ma noce. Moi, qu'il dit, je m'en vais de chez vous... et il riait.

ANICIA, à son mari.

Tu vois ! On n'a pas trop besoin de toi ici ! Voilà Nikita qui s'en va de lui-même. Et lui, il dit : — Je le chasserai !

PIOTR.

Eh bien ! Qu'il s'en aille! Est-ce que je n'en trouverai pas d'autres ?

ANICIA.

Et l'argent qui est avancé ?

(Anioutka s'avance vers la porte, écoute et s'en va.)

SCÈNE V

ANICIA, PIOTR, AKOULINA.

PIOTR, fronçant le sourcil.

L'argent ! Si c'est comme ça, il me le rendra en travail cet été.

ANICIA

Oui, tu es bien aise de le mettre dehors. Ça fait moins de pain à manger ! A moi de trimer tous les jours de l'hiver, comme un pauvre vieux cheval! La fille n'est pas bien ardente à la besogne, et toi, tu resteras étendu sur le poêle, je te connais, va ! /

PIOTR.

Pas besoin de tant remuer la langue avant de savoir de quoi il s'agit.

ANICIA.

L'étable est pleine de bétail. La vache, tu ne l'as pas vendue, et tu as gardé tous les moutons pour l'hiver. A peine si on aura le temps de leur préparer l'eau et le fourrage, et tu veux encore renvoyer le domestique! Eh bien! moi, je ne veux pas faire un métier de paysan, je m'étendrai comme toi sur le poêle et que tout aille au diable! Fais comme tu voudras !

PIOTR, à Akoulina.

Va donc chercher le fourrage, voyons, il est temps.

AKOULINA.

Le fourrage ? Bien ! (Elle met son caftan et prend une corde.)

ANICIA.

Je ne veux plus travailler pour toi, c'est assez ! Je ne veux plus. Travaille toi-même !

PIOTR.

Assez donc ! Qu'est-ce que tu as mangé aujourd'hui ? Tu es comme un vrai mouton enragé !

ANICIA.

Enragé toi-même ! On n'a de toi ni travail ni joie ! Tu me dévores l'existence ! Ah ! Vieux chien tremblotant !

PIOTR, crache de mépris et s'habille.

Pfff ! Que Dieu me pardonne ! Je vais aller voir ce qu'il y a. (Il s'en va.)

ANICIA.

Diable pourri, va !

SCÈNE VI

ANICIA, AKOULINA.

AKOULINA.

Pourquoi engueules-tu le père ?

ANICIA.

Va-t'en, sotte, tais-toi !

AKOULINA, s'avançant vers la porte.

Je sais pourquoi tu l'engueules ! Sotte toi-même ! Chienne ! Je ne te crains pas !

ANICIA.

Qu'est ce que tu veux ? (Elle se lève et cherche quelque chose pour frapper Akoulina.) Prends garde à toi, je te flanquerai un coup de balai !

AKOULINA, ouvrant la porte.

Chienne ! Diable ! Voilà ce que tu es ! Diable ! Chienne ! Chienne ! Diable ! (Elle sort.)

SCÈNE VII

ANICIA, seule.

ANICIA, préoccupée.

Ah ! il a dit : — Viens à ma noce ! Qu'est-ce qu'il trame donc ? Le marier ! Garde-toi bien, Nikita ! Si ce sont tes idées, je me charge..... Je ne peux pas vivre sans lui, je ne le laisserai pas partir !

SCÈNE VIII

ANICIA, NIKITA.

NIKITA, Il entre avec précaution, regarde de tous côtés et voyant Anicia seule, il s'approche vivement et tout bas.

Petit frère, ça ne va pas ! Le père est venu, il veut m'emmener. Il m'ordonne de revenir à la maison. — Décidément, qu'il dit, nous allons te marier et tu rentreras chez nous.

ANICIA.

Eh bien ! marie-toi ! Qu'est-ce que cela me fait ?

NIKITA.

Ah ! C'est comme cela, moi qui cherchais à arranger les choses et, elle, la voilà qui m'engage à me marier ! (Clignant de l'œil.) Et pourquoi ça ? Est-ce que par hasard tu aurais perdu le souvenir !

ANICIA.

Oui, marie-toi ! Ça ne me regarde pas.

NIKITA.

Pourquoi te rebiffes-tu ? Voyez-vous ça ? Elle ne veut plus se laisser passer la main dans le dos ! Qu'est-ce que tu as ?

ANICIA.

J'ai que tu veux me lâcher et que si tu veux me lâcher, je n'ai plus besoin de toi, voilà toute l'histoire.

NIKITA.

Voyons, Anicia? Est-ce que je veux t'oublier ? Jamais de la vie ! Décidément, vois-tu, je ne te lâcherai pas et voilà comment je raisonne : même si on me marie, je reviendrai te trouver, pourvu toutefois qu'on ne m'emmène pas à la maison.

ANICIA.

Est-ce que j'aurai besoin de toi, quand tu seras marié

NIKITA.

Mais comment veux-tu, petit frère ? Y a pas moyen cependant d'échapper à la volonté paternelle.

ANICIA.

Tu rejettes tout sur le dos de ton père et les idées sont toutes à toi. Il a longtemps que tu prépares tout cela avec ta salope de Marinka. C'est elle qui t'a monté le coup.

Ce n'est pas pour rien qu'elle est venue rôder par ici ces
jours derniers.

NIKITA.

Marinka? Est-ce que j'ai besoin d'elle? Ah! Y en a pas
mal comme elle qui me cramponnent!

ANICIA.

Pourquoi donc ton père est-il venu? C'est toi qui lui as
mis cela dans la tête, tu me trompais.
(Elle pleure.)

NIKITA.

Anicia, crois-tu en Dieu, oui ou non? Je n'ai rien
pensé de pareil, même en rêve. Décidément, je ne sais rien
de rien. C'est mon vieux qui a pris tout cela sous son
bonnet.

ANICIA.

Si tu ne veux pas, on ne peut pas te tirer avec un
licou.

NIKITA.

Aussi je raisonne. Il n'y aura pas moyen d'aller contre
le père. Seulement, ce n'est pas ma volonté.

ANICIA.

Résiste, voi'à tout!

NIKITA.

Il en avait un qui résistait comme ça, et alors on lui a
caressé le derrière avec des verges à la mairie. C'est bien
simple et je n'en ai pas envie. Ça chatouille, à ce qu'il
paraît.

ANICIA.

Assez de plaisanterie! Écoute, Nikita, si tu prends
Marinka, je ne sais ce que je ferai de moi... Je me périrai!
J'ai commis un péché, j'ai violé la loi... Je ne puis plus
revenir sur mes pas. Si jamais tu t'en vas, je m'arrangerai de manière...

NIKITA.

Pourquoi m'en irais-je ? Si je voulais m'en aller, je serais parti, il y a longtemps. Hier encore, Ivan Semionitch m'a fait des propositions... il me voulait pour cocher... Eh bien ! je n'ai pas accepté. Et quelle vie cependant ! Je le sais bien, tout le monde veut de moi. Ah ! si tu ne m'aimais pas, ce serait une autre affaire !

ANICIA.

Souviens-t'en bien ! Le vieux va mourir d'un moment à l'autre. Nous règlerons notre situation. Nous nous marierons et tu deviendras le maître !

NIKITA.

Pourquoi penser à des choses si lointaines ? Qu'est-ce que cela me fait ? Je travaille comme pour moi-même. Le maître m'aime, la patronne aussi et si les femmes me courent après, je n'y suis pour rien, c'est bien simple...

ANICIA.

Tu m'aimeras ?

NIKITA, l'embrassant.

Comme ça ! De tout cœur et toujours comme...

SCÈNE IX

LES MÊMES, MATRIONA.

MATRIONA, Elle entre et se signe longuement devant l'image. Nikita et Anicia se séparent brusquement.

Je n'ai rien vu ! Je n'ai rien entendu ! Tu as cajolé une petite femme. Eh bien ! Les veaux, mon Dieu, jouent aussi dans la prairie... Pourquoi pas ? C'est la jeunesse ! Toi mon fils, le maître t'appelle dans la cour.

NIKITA.

Moi, j'étais venu pour chercher la hache.

MATRIONA.

Je sais, je sais, chéri, de quelle hache il s'agit. C'est une hache qui se trouve le plus souvent auprès des femmes.

NIKITA, se baissant pour prendre une hache.

Eh bien, mère. c'est donc sérieux ! Vous voulez me marier ? J'ai l'idée que vous avez tort. D'abord, moi, je n'y tiendrais pas.

MATRIONA.

Eh! chéri, pourquoi te marier ? Vis donc comme avant ! Tout ça, c'est des imaginations du vieux. Va, mon petit, nous arrangerons bien les affaires sans toi !

NIKITA.

C'est drôle tout de même. Tantôt on veut me marier, tantôt on ne veut plus. Décidément, je n'y comprends rien.

SCÈNE X

ANICIA, MATRIONA.

ANICIA.

Eh bien, tante Matriona, est-ce sérieux que vous voulez le marier ?

MATRIONA

Avec quoi donc, ma petite fraise ? Tu connais bien nos

moyens? Ce sont des paroles en l'air de mon vieux. Le marier, le marier! ce n'est pas une affaire de sa capacité. Tu sais bien, les chevaux ne rechignent pas sur l'avoine. Quand on est bien, pourquoi chercher mieux? C'est le cas. Est-ce que je ne vois pas où en sont les choses?

ANICIA.

Eh bien, tante Matriona, je n'ai pas à me cacher de toi. J'ai péché, j'aime ton fils.

MATRIONA.

Ah ! la belle nouveauté! Comme si la tante Matriona ne le savait pas ! Eh! ma fille, c'est une rouée, une archi-rouée, la tante Matriona ! La tante Matriona, je te dirai, ma fraise, voit à un mètre sous terre. Je sais tout, ma fraise ! Je sais pourquoi les jeunes femmes ont besoin de poudres qui font dormir, des poudres que tu m'as demandées. En voilà ! (Elle dénoue un coin de son fichu et en tire un paquet de poudres.) Ce qu'il faut, je le vois bien et ce qu'il ne faut pas, je ne ne veux pas le savoir, voilà! La tante Matriona a été jeune, elle aussi ! C'est que, vois-tu, avec mon bêta, il fallait savoir s'arranger pour vivre. Je connais les soixante-dix-sept moyens ! Je vois, ma fraise, que ton vieux a un pied dans la tombe. De quoi est-il capable ? Fiche-lui un coup de fourche, il ne viendra pas seulement une goutte de sang. Au printemps, au plus tard, tu l'enterreras. Faudra prendre quelqu'un dans la maison et mon fils... ça ne ferait-il pas un bon homme? Pas pire que les autres. Quel bénéfice aurais-je donc d'empêcher mon fils de foire une bonne affaire? Suis-je ennemie de mon enfant?

ANICIA.

Pourvu qu'il reste avec nous?

MATRIONA.

Il restera, mon hirondelle. Ce sont des bêtises. Tu connais mon vieux. Il n'a pas d'esprit à revendre, mais quand

il lui entre quelque chose dans sa caboche, c'est le diable
pour l'en faire sortir.

ANICIA.

Mais d'où vient donc ce projet?

MATRIONA.

Vois-tu, ma petite fraise, tu connais le gars. Tu sais
comme il aime les femmes. Et puis il n'y a pas à dire,
c'est qu'il est bien de sa personne. Eh bien! Il était,
comme tu sais, employé au Chemin de fer et là-bas, il y
avait une fillasse, une orpheline qui était cuisinière, et alors
cette fillasse commença à le cramponner.

ANICIA.

Marinka?

MATRIONA.

Oui, elle! Que la paralysie lui casse les os! Je ne pourrais pas te dire s'il y a eu ou non quelque chose entre
eux, seulement mon vieux a eu vent de l'affaire. Est-elle
venue potiner ou le monde a-t-il causé?...

ANICIA.

Est-elle hardie, la catin?

MATRIONA.

Et voilà mon vieux qui s'emballe! Tête d'imbécile! —
« Le marier! Le marier! Pour couvrir le péché! Rame-
« nons-le à la maison, qu'il dit, et marions-le! » J'ai dit
tout ce que j'ai pu, rien! — Très bien! que j'ai pensé,
alors, je m'en vais retourner ton affaire. Vois-tu, ma petite
fraise, ces imbéciles-là, faut toujours dire comme eux, et
quand on arrive au fait, on fait ce qu'on veut. Le temps
de tomber du poêle, vois-tu, et la femme a le temps de
tourner dans sa tête soixante-dix-sept idées. Comment
veux-tu qu'ils nous comprennent? — Eh bien! que j'ai
dit, mon bon vieux, voilà une excellente affaire, seulement, faut de la réflexion. Allons chez le fils! Nous deman-

derons conseil à Piotr Ignatitch, nous verrons ce qu'il dira et nous voilà !

ANICIA.

Ah ! tante Matriona comment faire maintenant ? Et si son père lui en fait une obligation ?

MATRIONA.

L'obligation ? Nous la fourrerons sous la queue du chien. N'aie pas peur, l'affaire ne se fera pas ! Tout à l'heure, avec ton vieux, je m'en vais si bien tamiser tout ça qu'il n'en restera rien. Si je suis venue ici avec le père, c'est pour sauver les apparences. Comment donc ? Mon fils nage dans le bonheur, il est à la veille d'être encore heureux et j'irais le marier avec une catin ! Pas si bête que ça !

ANICIA.

La Marinka est venue le relancer jusqu'ici. Me croiras-tu, tante Matriona ? Quand on m'a dit qu'on voulait le marier, c'est comme si on m'avait planté un couteau dans la poitrine. Je croyais qu'il la portait dans son cœur.

MATRIONA.

Ah ! par exemple, ma fraise, faudrait qu'il soit fou pour aimer une salope sans feu ni lieu. Nikita, vois-tu, est un gars qui a de l'idée ! Il sait bien qui il faut aimer. Aussi, quant à toi, ma fraise, ne crains rien, jamais de la vie nous ne l'emmènerons et jamais non plus nous ne le marierons. Vous nous donnerez quelques roubles et il restera.

ANICIA.

Il me semble que le départ de Nikita, ce serait ma mort !

MATRIONA.

Affaire de jeunesse ! Je le crois bien, tu es une femme dans la force de l'âge. Vivre avec une savate pareille !..

ANICIA.

Tu peux me croire, tante Matriona! Ce qu'il me dégoûte, ce qu'il me dégoûte, ce vilain chien! Je ne puis plus le voir en face!

MATRIONA.

Ça ne m'étonne pas! Tiens, viens voir ici. (Elle chuchote et regarde de tous côtés.) J'ai été voir le petit vieux pour les poudres. Il m'a donné une drogue à deux fins. Regarde ici : — « Ça, m'a-t-il dit, c'est une poudre pour faire dormir. Donne-lui en un paquet, il dormira tellement qu'on pourra lui danser sur le ventre et ceci, qu'il a ajouté, est une drogue qui, si tu la lui donnes en boisson, ne laissera aucune odeur, mais qui a une très grande force. C'est pour sept fois : une pincée par fois. Donne-les-lui en sept fois et après cela, qu'il dit, elle aura sa liberté. »

ANICIA.

Oh! qu'est-ce que c'est donc?

MATRIONA.

Ça ne laisse aucune trace. Il m'a pris un rouble. Il ne peut pas à moins, qu'il m'a dit, parce que, vois-tu, elles sont très difficiles à composer. Je les ai payées de mon argent, ma fraise. Si tu n'en veux pas, je les porterai à Mikaïlovna.

ANICIA.

Oh! mais, il en résultera peut-être du mal?...

MATRIONA.

Quel mal donc, ma fraise? Si encore ton vieux était solide, mais il n'a que le souffle, il ne peut pas vivre. Il y en a beaucoup qui en font autant.

ANICIA.

Ah! ma pauvre tête! Je crains beaucoup, Matriona, qu'il ne nous arrive malheur. Oh! non! non!

MATRIONA.

Alors, je vais les remporter.

ANICIA.

Alors, tu dis qu'il faut les faire fondre dans l'eau comme les autres ?

MATRIONA.

Dans le thé, ça vaut mieux. — « Il ne reste aucune trace, qu'il m'a dit, elles n'ont ni odeur, ni rien. » C'est que c'est un homme intelligent.

ANICIA, prenant les poudres.

Oh ! ma pauvre tête ! Est-ce que je me hasarderais à faire ces choses-là, si ce n'était ma vie de forçat ?

MATRIONA.

N'oublie pas le roub'e ! J'ai promis au vieux de le lui rapporter. Il se donne de la peine aussi, lui !

ANICIA.

Certainement. (Elle va vers son bahut dans lequel elle cache les poudres.)

MATRIONA.

Cache-les bien, ma fraise, pour que le monde n'en sache rien et si, Dieu nous en préserve ! il y avait jamais quelque chose, tu dirais que c'est pour les cafards... (Elle prend le rouble.) C'est bon aussi pour les cafards !... (Elle s'interrompt.)

SCENE XI

Les Mêmes, PIOTR et AKIM.

(Akim entre et se signe en regardant l'image.)

PIOTR, entre et s'assied.

Eh bien ! alors, oncle Akim...

AKIM.

Pour le mieux, Ignatitch... Faudrait pour le mieux, ça... Pour le mieux ! Pour qu'il ne s'ensuive pas de mal. Des polissonneries, ça ! Je voudrais... ça... le mettre à la besogne, le gars, et si toi, vois-tu, tu ne penses pas... on peut essayer autrement.... pour le mieux !

PIOTR.

Bon, bon ! Assieds-toi et causons. (Akim s'assied.) Alors tu veux donc le marier ?

MATRIONA.

Pour le marier, ça ne presse pas, Piotr Ignatitch : tu connais notre gêne ; comment veux-tu qu'on se marie quand on a tant de peine à vivoter ? Je te le demande, comment veux-tu ?

PIOTR.

Dam ! Faites pour le mieux.

MATRIONA.

Pour se marier, y a pas besoin de se presser. C'est comme ça. Les hommes, c'est pas comme les framboises, ça ne tombe pas quand c'est trop mûr.

PIOTR.

Eh bien, s'il s'agit de mariage, ça peut être une bonne chose.

AKIM.

On voudrait.... vois-tu, oui.... parce que il m'est venu un petit travail,.... en ville.... oui.... avantageux....

MATRIONA.

En v'la un travail ! Nettoyer les fosses d'aisance ! Ces jours derniers, il est rentré.... ce que j'ai vomi, ce que j'ai vomi, pff !

AKIM.

Au début, oui.... on dirait.... ça.... ça vous monte au nez.... mais quand on s'y fait.... c'est comme le marc de raisin..., et puis, aussi, c'est avantageux. Quant à l'odeur, vois-tu, oui.... nous n'avons pas à nous en offenser.... nous autres pauvres gens.... et puis.... on peut changer d'habit.... alors, vois-tu, je voudrais que Nikita soit à la maison.... il ferait ce qu'il y a à faire, et moi.... je gagnerais en ville....

PIOTR.

Tu veux garder ton fils à la maison, je comprends ça, mais, l'argent avancé, alors ?....

AKIM.

C'est vrai, c'est vrai, Ignatitch ! Tu as dit juste, pour ça... se louer, vois-tu, c'est se vendre ! Qu'il reste jusqu'à la fin de son temps... pour l'argent, seulement, comme il faut le marier, vois-tu, accorde-lui quelques jours.... si cela te convient.

PIOTR.

Eh bien, cela se peut.

MATRIONA.

C'est que nous ne sommes pas d'accord. Je m'ouvrirai devant toi, Piotr Ignatitch, comme devant Dieu.

Sois juge entre moi et mon vieux. Il répétaille tout le temps : « Le mariage ! Le mariage ! » Demande-lui un peu avec qui marier.... Si la fiancée était comme il faut, est-ce que je suis ennemie de mon enfant ? Mais c'est que la fille a un vice....

AKIM.

Pour ça, tu as tort... tu as tort, vois-tu, d'outrager cette fille ! Tu as tort... parce qu'elle... cette fille... cette même fille a reçu une offense, de mon fils ! Y a une offense... vois-tu... cette fille... oui !

PIOTR.

Quelle offense donc ?

AKIM.

C'est arrivé, vois-tu, ça... avec mon fils Nikita... avec Nikita, oui !

MATRIONA.

Arrête-toi de parler ! J'ai la langue moins épaisse, laisse-moi dire. Le gars, tu le sais bien, était auparavant au chemin de fer, et là cette fille s'est cramponnée à lui, une fille, tu sais, qui ne vaut pas grand' chose... Elle s'appelle Marinka et elle était cuisinière de son équipe. Et maintenant cette même fille déclare que notre fils Nikita l'aurait... comme elle dit... trompée !

PIOTR.

Ce ne serait pas bien.

MATRIONA

Mais c'est que c'est une fille qui ne marche pas droit. Elle rôde partout... une vraie traînée !

AKIM

Te voilà encore, la vieille ! Ça n'est pas ça... toujours pas ça.... pas ça !

MATRIONA.

Voilà tous les discours de mon aigle : « — Ça, Ça! » Quoi, ça ? Il ne le sait pas lui-même ! Demande, Piotr Ignatitch, pas à moi, demande aux gens des renseignements sur cette fille. Tout le monde dira la même chose. Une sale vagabonde !

PIOTR, à Akim.

Eh bien, oncle Akim, s'il en est ainsi, dam ! ce n'est pas la peine de le marier. Une bru, ce n'est pas un sabot... on ne se déchausse pas quand on veut.

AKIM, très fâché.

La vieille, vois-tu, menteusement... parle contre la fille... oui.... menteusement... puisque la fille, oui.... elle est très bonne... très bonne, la fille ! J'en ai pitié... oui... J'en ai pitié... de la fille !

MATRIONA.

En v'la une Notre-Dame de la Miséricorde, qui est charitable pour les autres, mais qui laisse crever de faim les siens ! Il a pitié de la fille, il n'a pas pitié de son fils ! Eh bien, attache-toi la au cou et promène-toi avec ! Allons ! assez dit de bêtises comme ça !

AKIM.

Non, pas des bêtises !

MATRIONA.

Ne me coupe pas ! Laisse-moi dire.

AKIM, l'interrompant.

Non, pas des bêtises ! Tu tournes tout à ta manière à propos de la fille ou à propos de toi... mais Dieu, vois-tu, Dieu... il tournera tout à sa guise .. il en sera de ça... comme ça...

MATRIONA.

Avec toi, on ne fait que se fatiguer la langue.

AKIM.

Une fille travailleuse.... une bonne fille.... sur elle et autour d'elle, oui.... avec notre pauvreté, ça, ça fait notre

affaire.... et la noce ne sera pas chère... mais ce qui me
touche le plus, c'est qu'on a fait une offense à cette fille,
oui.... une orpheline, cette fille ! Et l'offense existe !

MATRIONA.

Elle est libre de dire....

ANICIA.

Toi, oncle Akim, si tu te mets sur le pied d'écouter les
femmes, elles t'en raconteront de belles.

AKIM.

Et Dieu donc ? Le bon Dieu ? Est-ce que ce n'est pas
une créature humaine, cette fille ? C'est qu'aussi pour le
bon Dieu, c'en est une ! Est-ce que ce n'est pas vrai ?

MATRIONA.

Le v'la encore parti !

PIOTR.

Vois-tu, oncle Akim, il de faut pas toujours ajouter foi
à ce que disent ces filles. Le gars n'est pas mort. En-
voyons-le chercher pour lui demander si c'est vrai. Il ne
se parjurera pas. Appelez-le donc. (Anicia se lève.) Dis-lui
que le père le demande.

Anicia sort.

SCÈNE XII

LES MÊMES, sans ANICIA.

MATRIONA.

C'est bien jugé ça, mon bon ! Que le gars s'explique lui-
même. C'est que, par le temps qui court, on ne marie pas

de force, il faut l'avis du gars aussi. Jamais de la vie il
ne voudrait se marier avec elle, se couvrir de honte...
Mon idée est qu'il doit rester chez toi à servir son
maître. Nous n'aurons pas besoin non plus de le prendre
pour l'été, nous pouvons louer un homme. Tu nous donneras un billet de dix roubles et tu le garderas.

PIOTR.

Nous causerons de cela après, il faut procéder par
ordre. Finis d'abord une chose avant de commencer
l'autre.

AKIM.

Moi, Piotr Ignatitch, j'ai dit tout ça... ça... parce que ça
me convenait... On tâche toujours d'arranger les choses
au mieux pour soi .. quant à Dieu, oui... on l'oublie... on
pense pour le mieux... on veut ramener tout à son profit
et on se fait du tort... Nous pensons pour le mieux... et
sans le bon Dieu, il résulte pire.

PIOTR

Oui, certes, Dieu, il ne faut pas l'oublier.

AKIM.

Il en résulte pire... tandis que, d'après la loi, d'après les
préceptes de Dieu, cela vous rend joyeux, oui.... ça vous
attire !... C'est comme ça que j'ai pensé !... Je marierai le
gars pour le préserver du péché. Il restera à la maison et
moi, oui... je m'occuperai en ville... Le travail est aima-
ble et avantageux aussi. D'après les préceptes de Dieu,
vois-tu, ça, c'est mieux ! C'est qu'elle est orpheline. Ainsi
par exemple, l'été passé, on a pris du bois chez le commis... de cette manière on pensait le tromper... En effet,
on a trompé le commis, mais le bon Dieu, vois-tu, ça...
on ne l'a pas trompé... Eh bien, alors!...

SCÈNE XIII

LES MÊMES, NIKITA et ANIOUTKA.

NIKITA.

Vous m'avez demandé? (Il s'assied et prend son tabac dans sa poche.)

PIOTR, doucement avec un reproche.

Voyons! Ne connais-tu pas les convenances? Le père va t'interroger et tu t'amuses avec ton tabac, tu t'assieds! Viens donc ici, lève-toi!

(Nikita se met devant la table, s'accoude nonchalamment et sourit.)

AKIM.

Il résulte donc ça.... c'est que, Nikita.... il y a une plainte, vois-tu, une plainte...

NIKITA.

De qui la plainte?

AKIM

La plainte? D'une fille, d'une orpheline, vois-tu, la plainte... C'est d'elle que vient la plainte.... Contre toi... de cette même Marina... oui!

NIKITA, toujours souriant.

C'est drôle, vraiment! Quelle plainte donc? Qui est-ce qui l'a portée? Est-ce elle?

AKIM.

Moi.. ça.. je t'interroge maintenant... et toi... vois-tu... tu dois me répondre... Tu t'es lié avec une fille, oui... t'es-tu lié avec elle, hein?

NIKITA.

Décidément, je ne comprends même pas ce que vous me demandez.

AKIM.

Tu as fais des bêtises, hein ? avec elle... dis, des bêtises ?

NIKITA.

Y a eu bien des choses. Quand on s'embête, on s'amuse parfois avec la cuisinière... on joue de l'accordéon et elle danse... Quelles bêtises voulez-vous encore ?

PIOTR.

Ne t'esquive pas, Nikita, réponds raisonnablement à ce que te demande ton père.

AKIM, solennellement.

Nikita, tu peux tromper les hommes, 'tu ne tromperas pas Dieu ! Alors, Nikita, vois-tu, ça... penses-y bien.... n'ose pas mentir... elle est orpheline... vois-tu... tu peux lui faire du tort... orpheline... oui... parle pour le mieux...

NIKITA.

Eh bien ! il n'y a rien à dire... Décidément, j'ai dit tout, puisqu'il n'y a rien... (S'échauffant.) Elle peut tout dire, dire tout ce qu'elle voudra, comme si j'étais mort... Est-ce qu'elle n'a pas parlé, aussi de Fedka Mikichkine? Est-ce que par le temps qui court, il n'est plus permis même de s'amuser ? Elle est libre de raconter tout ce qu'elle voudra.

AKIM.

Eh! Nikita, prends garde à toi... Le mensonge se découvrira toujours... Y a-t-il eu quelque chose, oui ou non ?

NIKITA, à part.

En v'la vraiment des crampons ! (Haut.) Je vous dis que je ne sais rien. Je n'ai rien eu avec elle. (Se fâchant.) Par le

Christ, tenez! (Il se signe.) Je veux ne pas bouger de cette
planche! Je ne sais rien de rien! (Silence. — Nikita continue en
s'échauffant encore plus.)! Est-ce que vous auriez par exemple
l'idée de me marier avec elle? Ce serait un vrai scandale!
Par le temps qui court, on n'a pas le droit de marier les
gens de force. C'est bien simple, et puis d'ailleurs, j'ai juré!
Je ne sais rien de rien.

MATRIONA, indiquant son mari.

Eh bien, voilà, tête d'idiot! Il croit tout ce qu'on lui dit.
C'était bien la peine d'humilier comme ça ce pauvre gars!
Il vaut bien mieux qu'il reste à vivre chez son patron
comme avant et le patron, en raison de notre gêne, nous
donnera un billet de dix roubles et quand le temps viendra...

PIOTR.

Eh bien, alors, oncle Akim?

AKIM, faisant claquer sa langue, à son fils.

Souviens t'en bien, Nikita, une larme provoquée, ça...
ne tombe jamais à côté, mais sur la tête de l'homme! Souviens t'en pour qu'il n'en résulte pas... ça !

NIKITA.

Je n'ai pas à m'en souvenir. Souviens-t'en toi-même.
(Il s'assied.)

ANIOUTKA.

Faut aller raconter cela à maman. (Elle sort.)

SCÈNE XIV

PIOTR, AKIM, MATRIONA et NIKITA.

MATRIONA, à Piotr.

Et c'est dans tout comme ça, Piotr Ignatitch, toujours

brouillon ! Quand il s'est fourré quelque chose dans la caboche, pas moyen de l'en faire démordre ! On n'a fait que de te déranger pour rien. Quant au gars, qu'il reste ici comme avant. Garde-le, il est à ton service.

PIOTR.

Eh bien, alors, oncle Akim ?

AKIM.

Eh bien, moi, oui... je n'enlève pas sa liberté au gars... pourvu que... ça... je voulais, vois-tu, oui...

MATRIONA.

Qu'est-ce tu bafouilles ? Tu ne le sais pas toi-même. Qu'il reste comme auparavant ! Le gars lui-même ne veut pas s'en aller. Nous n'avons pas besoin de lui. Nous nous arrangerons tous seuls.

PIOTR.

Seulement, oncle Akim, si tu l'enlèves pour l'été, je n'en veux pas pour l'hiver. S'il veut rester, que ce soit pour l'année.

MATRIONA.

Oui, certes, il s'engagera pour une année. Nous autres, pour les grands travaux, s'il le faut, nous louerons quelqu'un. Quant au gars, qu'il reste, et toi, tu nous donneras un billet de dix...

PIOTR.

Alors, pour une année encore ?

AKIM, en soupirant.

Si c'est comme ça... oui, alors... vois-tu... c'est ça...

MATRIONA.

Pour une année, oui, à partir du samedi de St. Dimitri. Pour le gage, tu ne nous lèseras pas ; quant au billet de dix, donne-le maintenant. Viens-nous en aide ! (Elle se lève et s'incline devant Piotr.)

SCÈNE XV

LES MÊMES, ANICIA et ANIOUTKA.

(Anicia s'assied à part.)

PIOTR.

Allons ! Ça va bien, et puisque c'est arrangé comme ça,
allons jusqu'à l'auberge et buvons un coup ! Allons, oncle
Akim, un verre d'eau-de-vie !

AKIM.

Je ne prends rien...

PIOTR.

Tu prendras du thé, alors.

AKIM.

Pour le thé... j'ai un faible... pour le thé, oui...

PIOTR.

Et les femmes en prendront aussi. Toi, Nikita, fais rentrer les moutons et ramasse la paille.

NIKITA.

C'est bon. (Tous s'en vont, sauf Nikita. La nuit tombe.)

SCÈNE XVI

NIKITA, seul.

NIKITA, allumant sa cigarette.

En v'la des crampons ! — « Dis-nous ce que tu fais avec

les filles ! » Ça n'en finirait plus, s'il fallait raconter tout ça ! Ils sont tous à dire : Marie-toi ! S'il fallait se marier avec toutes, on en aurait, des femmes ! C'est pas la peine d'épouser, je vis mieux qu'un homme marié ! Les autres en sont jaloux... C'est drôle, tout de même... on dirait qu'on m'a poussé, quand je me suis signé devant l'image... Comme ça, j'ai coupé court... On dit que c'est dangereux de jurer à faux... Quelle bêtise !... Ce n'est rien... des paroles en l'air, tout simplement !

SCÈNE XVII

NIKITA, AKOULINA.

AKOULINA entre, pose sa corde sur le banc, ôte son caftan et va dans le cabinet de débarras.

Tu aurais dû allumer...

NIKITA.

Pour te regarder ? Je te vois bien sans ça.

AKOULINA.

Veux-tu bien te taire !

SCÈNE XVIII

LES MÊMES, ANIOUTKA.

ANIOUTKA entre vivement, et bas à Nikita.

Nikita, va vite, quelqu'un te demande... vrai !

NIKITA.

Qui ?

ANIOUTKA.

Marina, du Chemin de fer. Elle est dans la rue, au coin.

NIKITA.

C'est pas vrai.

ANIOUTKA.

Oh ! je veux mourir...

NIKITA.

Qu'est-ce qu'elle veut donc ?

ANIOUTKA.

Elle te prie de sortir. — « Je n'ai, qu'elle dit, qu'un mot à dire à Nikita. » Je lui ai demandé quoi, elle ne l'a pas dit. Elle a demandé seulement si c'est vrai que tu t'en allais de chez nous, et moi, j'ai répondu que non. Son père voulait l'emmener, que j'ai dit, le marier, mais il a refusé. Il va encore rester une année. « — Alors, qu'elle a dit, envoie-le-moi, pour l'amour de Dieu ! J'ai à lui dire un mot. » Il y a longtemps qu'elle attend. Vas-y donc !

NIKITA.

Qu'elle s'en aille à tous les saints ! Qu'irais-je faire ?

ANIOUTKA.

Elle dit : — « S'il ne vient pas, j'entrerai dans l'izba ! » Que je meure ! J'entrerai, qu'elle dit !

NIKITA.

Ne crains rien ! Quand elle aura fini d'attendre.... elle s'en ira.

ANIOUTKA.

— « Est-ce avec Akoulina, qu'elle dit, qu'on veut le marier ? »

AKOULINA, s'avançant pour prendre son fuseau,

Qui est-ce qu'on veut marier avec Akoulina ?

ANIOUTKA.

Nikita.

AKOULINA.

C'est pas si facile que ça ! Qui donc a dit ça ?

NIKITA,

Dam ! il paraît que ça se dit. (Il la regarde et sourit.) Akoulina, est-ce que tu veux de moi, hein ?

AKOULINA.

De toi ? Avant, peut-être ; maintenant, non.

NIKITA.

Pourquoi pas maintenant ?

AKOULINA.

Parce que tu ne m'aimerais pas.

NIKITA.

Pourquoi pas ?

AKOULINA.

On ne te le permettrait pas.

NIKITA.

Qui est-ce qui ne le permettrait pas ?

AKOULINA.

Ma belle-mère. Elle jure toujours et elle t'a tout le temps à l'œil...

NIKITA, riant.

Voyez-vous ça ! Tu remarques bien.

AKOULINA.

Moi ! Je n'ai rien à remarquer, seulement je ne suis pas...

aveugle. Elle a assez savonné mon père aujourd'hui, la sorcière à tête carrée ! (Elle s'en va dans le cabinet de débarras.)

ANIOUTKA.

Nikita, regarde donc ! (Elle regarde par la fenêtre.) La voilà qui vient ! Que je meure si ce n'est pas elle, je m'en vais ! (Elle sort.)

SCÈNE XIX

NIKITA, AKOULINA, dans le cabinet, MARINA.

MARINA, entrant.

Qu'est-ce que tu fais avec moi, Nikita ?

NIKITA.

Qu'est-ce que je fais ? Je ne fais rien.

MARINA.

Tu veux me renier ?

NIKITA, se levant, fâché.

Venir ici ? Mais à quoi est-ce que ça ressemble ?

MARINA.

Ah ! Nikita !

NIKITA.

Vous êtes drôles, vous autres, vraiment ! Qu'est-ce que tu es venue faire ?

MARINA.

Nikita !

NIKITA.

Oui, je suis Nikita ! Qu'est-ce que tu veux ? Va t'en, je te dis !

MARINA.

Oui, je vois que tu veux me lâcher... Tu veux m'oublier...

NIKITA.

De quoi est-ce que j'ai à me souvenir? Elle ne le sait pas elle-même! Tu étais dans la rue, tu as envoyé Anioutka... je ne suis pas venu... tu vois donc que je n'ai pas besoin de toi, tout simplement. Eh bien, alors, va-t'en !

MARINA.

Tu n'as pas besoin! Maintenant tu n'as plus besoin de moi ! J'ai cru que tu m'aimerais, et maintenant que tu m'as perdue, tu n'as plus besoin de moi!

NIKITA.

Tout ça, c'est des paroles qui n'avancent à rien, des bêtises ! C'est toi qui a été rapporter à mon père? Va t'en, je t'en prie !

MARINA

Tu sais bien que je n'ai jamais aimé que toi. Épouse-moi ou non, je ne me fâcherai pas... Mais puisque je n'ai pas de torts envers toi, pourquoi ne n'aimes-tu plus? Pourquoi?

NIKITA.

Ne parlons pas inutilement. Va t'en ! Oh! les imbéciles, elles sont toutes folles !

MARINA.

Ce qui me fait de la peine... ce n'est pas parce que tu m'as trompée en me promettant le mariage, mais c'est parce que tu ne m'aimes plus... et ce n'est même pas ça encore... c'est parce que tu m'en as préféré une autre et je sais qui!...

NIKITA, s'avançant vers elle d'un air fâché.

Ce n'est pas la peine de tant parler avec vous autres, vous ne voulez jamais entendre raison. Va t'en, je te dis, ou ça finira mal!

MARINA.

Mal ? Est-ce que tu voudrais me battre, par hasard ?
Eh bien, bats-moi ! Pourquoi détournes-tu ton museau ?
Eh ! Nikita !

NIKITA.

Certainement, ce n'est pas convenable… on peut venir.
Et puis, pourquoi parler inutilement ?

MARINA.

C'est fini, alors ? Il ne reste plus rien ? Tu m'ordonnes
d'oublier ? Eh bien, Nikita, souviens-toi ! Je gardais mon
honneur comme la prunelle de mes yeux. Tu m'as perdue
pour rien, tu m'as trompée, tu n'as pas eu pitié d'une orpheline… (Elle pleure.) Tu m'as reniée, tu m'as tuée et cependant
je ne te garde pas rancune. Que Dieu te juge ! Si tu trouves mieux, tu m'oublieras, si tu trouves pire, tu te souviendras de moi ! Tu t'en souviendras, Nikita ! Adieu,
puisqu'il en est ainsi ! Ah ! Comme je t'aimais ! Adieu,
pour la dernière fois ! (Elle veut l'embrasser et elle le prend par la
tête.)

NIKITA, se débarrassant.

Assez bavardé ! Si tu ne veux pas t'en aller, c'est moi
qui m'en irai ! Reste ici.

MARINA, poussant un cri.

Monstre ! (Sur le seuil de la porte.) Dieu ne te donnera pas
de bonheur ! (Elle sort en pleurant.)

SCÈNE XX

NIKITA, AKOULINA.

AKOULINA, sortant du cabinet de débarras.

Quel chien tu fais, Nikita !

NIKITA.

Pourquoi?

AKOULINA.

Comme elle a pleuré! (Elle pleure.)

NIKITA.

Qu'est-ce que cela te fait?

AKOULINA.

Ce que cela me fait? Tu l'as offensée, tu m'offenseras comme ça aussi, espèce de chien! (Elle rentre dans le cabinet.)

SCÈNE XXI

NIKITA, seul.

NIKITA, après un silence.

Quelle bagarre! J'aime les femmes comme le sucre mais que de péchés avec elles, ah!... sans fin!

Rideau.

FIN DU PREMIER ACTE.

ACTE DEUXIÈME

La scène représente la rue et l'izba de Piotr. A gauche, l'izba avec une terrasse et l'escalier au milieu. A droite, la porte cochère et un coin de la cour. Près de ce coin, Anicia carde du chanvre. — Six mois entre le premier et le second act e.

SCÈNE PREMIÈRE

ANICIA, seule.

ANICIA, s'arrête et écoute.

Encore quelque chose qui bourdonne? Il doit être descendu du poêle.

SCÈNE II

ANICIA, AKOULI..
(Akoulina entre, portant deux seaux accrochés à une palanche.)

ANICIA.

Il appelle. Va voir ce qu'il veut. Le voilà qui beugle.

AKOULINA.

Et toi donc?

ANICIA.

Va, on te dit! (Akoulina entre dans l'izba.)

SCÈNE III

ANICIA, seule.

Il m'a mise à bout de forces... Il ne veut pas dire où il a son argent... Voilà ! hier, il était dans le vestibule, il l'a peut-être caché là ; aujourd'hui, je ne sais plus où... C'est encore heureux qu'il n'ose pas s'en séparer et que l'argent reste dans la maison. Ah ! si je le trouvais ! Hier, il l'avait sur lui ; aujourd'hui, je ne sais plus !... Ah ! Il m'a mise sur les dents.

SCÈNE IV

ANICIA, AKOULINA.

(Akoulina sort de l'izba en nouant les coins de son fichu.)

ANICIA.

Où vas-tu ?

AKOULINA.

Où je vais ? Il veut qu'on aille chercher la tante Marfa. — « Va chercher la sœur, qu'il dit, je vais mourir ! J'ai un mot à lui dire ! »

ANICIA, à part.

Il fait chercher sa sœur ! Oh ! ma tête, oh ! Il a l'idée de lui remettre son argent. Que faire ? (A Akoulina.) Ne sors pas ! Où vas-tu ?

AKOULINA.

Eh bien ! Chercher la tante.

ANICIA.

N'y va pas, je te dis ! J'irai moi-même. Va plutôt à la
rivière pour rincer le linge, autrement tu n'auras pas le
temps de finir avant la nuit.

AKOULINA.

Mais il me l'a ordonné...

ANICIA.

Va où je t'envoie. Je te repète que j'irai moi-même
chercher Marfa. N'oublie pas de prendre les chemises qui
sèchent sur la haie.

AKOULINA.

Les chemises ? Tu ne vas pas y aller et il l'a ordonné.

ANICIA.

Je te dis que j'y vais. Où est Anioutka ?

AKOULINA.

Anioutka ? Elle garde les veaux.

ANICIA.

Envoie-la ici. Ils ne s'en iront pas.

(Akoulina, ramasse le linge et sort.)

SCÈNE V

ANICIA, seule.

Si je n'y vais pas, il se fâchera ; si j'y vais, il remettra
son argent à sa sœur. Toutes mes peines seront perdues.
Je ne sais que faire. Ma tête va se fendre ! (Elle continue son
travail.)

SCÈNE VI

ANICIA, MATRIONA.

(Matriona entre avec un bâton, portant un petit paquet.)

MATRIONA.

Que Dieu te soit en aide, ma fraise ! (Anicia se retourne, jette son travail et fait claquer ses mains de joie.)

ANICIA.

Je ne t'attendais pas, petite tante ! C'est le bon Dieu qui t'envoie au bon moment !

MATRIONA.

Eh bien ?

ANICIA.

J'ai la tête perdue... malheur !

MATRIONA.

Eh bien ? Il vit encore à ce qu'on dit ?

ANICIA.

Ah ! tais-toi, il ne se décide ni à vivre, ni à mourir !

MATRIONA.

Et l'argent ? Il ne l'a remis à personne ?

ANICIA.

Tout à l'heure, il a envoyé chercher Marfa, sa sœur. Ça doit être à propos de l'argent.

MATRIONA.

Évidemment. Est-ce qu'il ne l'aurait pas déjà remis à quelqu'un ?

ANICIA.

Non, il n'y a personne... Je le guigne comme un vau-
tour....

MATRIONA.

Où est-il donc, l'argent?

ANICIA.

Il ne le dit pas. Je ne puis pas arriver à le savoir. Il
change toujours ses cachettes. Je suis gênée à cause
d'Akoulina... elle est bête, oui, mais elle m'épie aussi.
Elle monte la garde! Oh! ma pauvre tête! Je suis éréin-
tée!.

MATRIONA.

Eh! ma fraise, il te fera passer l'argent sous le nez et tu
auras le temps de pleurer tout le restant de ta vie. Ils te
mettront dehors... sans rien. Tu auras peiné toute ton
existence, ma chère, autour de ce vieux grigou et quand tu
seras veuve, il faudra que tu mendies.

ANICIA.

Tais-toi, petite tante! Mon cœur se déchire. Je ne sais
comment faire. Je ne sais pas même de qui prendre conseil. J'ai bien parlé à Nikita, mais il ne se sent pas le courage de se mêler à l'affaire. Il m'a dit seulement hier que
l'argent était sous le plancher.

MATRIONA.

Eh bien, y as-tu cherché?

ANICIA.

Pas possible, il est toujours là. A ce que j'ai pu voir,
tantôt il l'a sur lui et tantôt il le cache.

MATRIONA.

Rappelle-toi bien, ma fille, que si tu manques ton coup
une fois, ce sera irréparable et pour toute ta vie! (A voix
basse.) Lui as-tu donné du thé fort?

ANICIA.

Oh ! (Elle veut répondre et se tait en apercevant la voisine.)

SCÈNE VII

LES MÊMES, UNE COMMÈRE.

(Passant devant l'izba, elle a entendu un cri. A Anicia.)

LA COMMÈRE.

Commère ! Anicia ! Eh ! Anicia ! N'est-ce pas ton vieux qui appelle ?

ANICIA.

Il tousse toujours comme ça ; on dirait qu'il crie. Il est bien mal.

LA COMMÈRE, s'avançant vers Matriona.

Bonjour, petite grand'mère. D'où viens-tu donc ?

MATRIONA.

De chez moi, ma chère, je viens prendre des nouvelles de mon fils. Je lui apporte des chemises ; tu sais bien, on pense toujours à son enfant.

LA COMMÈRE.

C'est évident. (A Anicia.) Je voulais, commère, blanchir les toiles, mais je crois que c'est encore trop tôt. Personne n'a commencé.

ANICIA.

Pourquoi se presser ?

MATRIONA.

Est-ce qu'il a communié ?

ANICIA.

Oui, le pope est venu hier.

LA COMMÈRE, à Matriona.

Moi aussi, hier, petite mère, j'ai jeté sur lui un coup
d'œil. Je ne sais à quoi tient sa vie. Ce qu'il a maigri !
Hier, ma petite mère, il se mourait tout à fait... on l'a mis
sous les saintes images, nous l'avons déjà pleuré et nous
nous préparions même à le laver.....

ANICIA.

Et il revit ! Il s'est levé et il rôde encore.

MATRIONA.

Lui donnerez-vous l'Extrême-Onction ?

ANICIA.

On nous le conseille. S'il vit encore, nous enverrons
chercher le pope demain.

LA COMMÈRE.

Ça doit être bien embêtant pour toi, tout ça, ma petite
Anicia. On a raison de dire que le plus malade n'est pas
celui qui est au lit, mais celui qui est autour.

ANICIA.

Il faudrait bien pourtant que cela finisse d'une façon ou
de l'autre.

LA COMMÈRE.

Pour sûr ! Voilà une année qu'il se meurt ! Il te lie les
mains.

MATRIONA.

Ce n'est pas gai non plus d'être veuve. C'est bon quand
on est jeune, mais quand on vieillit, personne ne vous plaint.
La vieillesse n'est pas une joie. Voyez-moi, par exemple, je
ne viens pas de loin et pourtant je suis éreintée, je ne sens
plus mes jambes. Où est donc mon petit ?

ANICIA.

Il laboure. Entre donc, nous chaufferons le samovar.
Tu vas te refaire avec une tasse de thé.

MATRIONA, s'asseyant.

C'est vrai, mes chères, c'est que je suis fatiguée. Quant à l'Extrême-onction, c'est absolument nécessaire. On dit que c'est utile pour l'âme.

ANICIA.

Oui, nous enverrons demain....

MATRIONA.

Ce sera mieux comme ça. Et chez nous, ma fille, il y a noce.

LA COMMÈRE.

Comment donc? Au printemps ?

MATRIONA.

Le proverbe est bien juste : quand un pauvre homme se marie, sa nuit est courte. Semion Matveitch épouse Marina.

ANICIA.

Elle a tout de même trouvé son bonheur.

LA COMMÈRE.

Il est veuf, je crois. Il l'a prise pour ses enfants.

MATRIONA.

Il en a quatre. Quelle fille un peu propre aurait accepté? Il l'a prise et elle est contente. Dam ! On buvait du vin et il paraît qu'il y a du louche.... le verre était percé....

LA COMMÈRE.

Oui, en effet, on en causait ! Et le mari, a-t-il quelque aisance ?

MATRIONA.

Jusqu'ici, ils ne vivent pas trop mal.

LA COMMÈRE.

Il n'y a pas beaucoup de filles qui accepteraient des en-

fants ; par exemple, chez nous, Mikhaïlo, c'est un paysan,
ma petite mère....

VOIX DE PAYSAN.

Eh ! Mavra, où le diable t'emporte-t-il ? Fais rentrer la
vache! (La voisine s'en va.)

SCÈNE VIII

ANICIA, MATRIONA.

MATRIONA. (Pendant que la voisine s'en va, elle parle d'une voix égale.)

On l'a mariée, ma fille. Au moins, maintenant que la voilà
loin du péché, mon imbécile n'aura plus d'idées sur Nikita.
(Puis tout à coup à voix basse.) La voilà partie... Eh bien, lui
as-tu fait prendre le thé ?

ANICIA.

Ne me rappelle pas ça. Il ferait mieux de mourir tout
seul. Il ne meurt pas tout de même, et je n'ai fait que me
mettre un péché sur la conscience. Oh ! ma tête ! Pourquoi m'as tu donné ces poudres ?

MATRIONA.

Eh bien ! ma fille, ce sont des poudres qui font dormir,
pourquoi ne lui en donnerais-tu pas ? Il n'y a pas de mal à
cela.

ANICIA.

Je ne parle pas de celles qui font dormir, mais des autres, des blanches....

MATRIONA.

Eh bien ! ma fraise, les blanches, ce sont des poudres mé-
dicinales.

ANICIA, soupirant.

Je sais, mais j'ai peur tout de même. Oh ! si tu savais comme il m'a éreintée....

MATRIONA.

Et tu en as employé beaucoup ?

ANICIA.

Je lui en ai donné deux fois.

MATRIONA.

Tu n'as rien remarqué ?

ANICIA.

J'ai trempé dedans le bout de ma langue ; c'était légèrement amer. Lui, il les a prises dans le thé et il a dit : — Ce thé me dégoûte ! Et moi je lui ai dit : — Tout paraît amer aux malades. Oh ! ma tante, ce que je me sentais mal à l'aise !

MATRIONA.

N'y pense pas! Quand on y pense, c'est pire !

ANICIA.

Tu aurais mieux fait de ne pas me les donner et de ne pas m'induire en péché. Quand je me souviens, cela m'arrache le cœur. Pourquoi me les as-tu données ?

MATRIONA.

La! la! la! ma fraise, que Dieu te garde ! Pourquoi tout rejeter sur moi ? Ne va pas faire passer tes idées pour les miennes ! S'il arrive quoi que ce soit, je m'en lave les mains. Je ne sais rien de rien. Je baiserai la croix et je jurerai que je n'ai pas vu les susdites poudres. Je n'en ai même pas entendu parler. Penses-y bien, ma fille ! Dernièrement, nous causions de toi : — Comme elle doit souffrir, la pauvre ! Une belle-fille qui est bête, un homme qui est pourri, une vraie emplâtre! Que faire de bon avec une vie pareille?

ANICIA.

Mais, moi, je ne m'en dédirai pas! Avec l'existence que je mène, non seulement il y a de quoi s'engager dans une pareille aventure, mais il y aurait de quoi se pendre ou l'étrangler! Est-ce une vie, ça ?

MATRIONA.

A la bonne heure. Maintenant il n'y a plus de temps à perdre ! D'une manière ou d'une autre, il faut trouver son argent et lui faire boire du thé.

ANICIA.

Oh! ma pauvre tête! Je ne sais plus que faire. Je me sens mal à l'aise. Ah ! s'il mourait donc tout seul ! C'est que je crains de charger ma conscience.

MATRIONA, méchamment.

Pourquoi ne dit-il pas où est l'argent? A-t-il envie de l'emporter avec lui pour que les autres n'en profitent pas? Est-ce juste, ça ? Que Dieu nous garde ! Tant de gros sous qui seraient perdus pour tout le monde! Ce n'est pas un péché, ça ! Qu'est-ce qu'il fait donc!

ANICIA.

Je ne sais plus moi-même ! Je suis à bout de forces !

MATRIONA.

Qu'est-ce que tu ne sais pas ! L'affaire est claire. Si tu manques ton coup maintenant, tu t'en repentiras toujours. Il remettra l'argent à sa sœur et tu resteras sur le pavé.

ANICIA.

Il a déjà envoyé la chercher. Il va falloir que j'y aille.

MATRIONA.

Attends avant d'y aller : D'abord, va chauffer le samovar ; nous lui ferons boire du thé et nous chercherons l'argent ensemble. Peut-être arriverons-nous à mettre la main dessus.

ANICIA.

Et s'il nous arrive malheur?

MATRIONA.

Que voudrais-tu donc faire ? On ne peut pas rester les bras croisés. Te contenteras-tu de voir l'argent et de ne pas y toucher. Agis !

ANICIA.

Alors, je vais faire bouillir le samovar.

MATRIONA.

Va ! ma fraise, fais ce qu'il faut pour n'avoir rien à regretter. Voilà ! (Anicia s'en va. Matriona la rappelle.) Surtout ne dis rien de tout cela à Nikita. Tu sais comme il est simple. Dieu veuille qu'il n'apprenne rien au sujet des poudres, car je ne sais de quoi il est capable! Il est si sensible, vois-tu ! Il n'osait pas seulement saigner un poulet. Ne lui dis pas, il ne comprendrait rien.... (Elle s'arrête épouvantée en voyant paraître Piotr sur le seuil.)

SCÈNE IX

LES MÊMES, PIOTR. (Il se cramponne après le chambranle de la porte et d'une voix faible :)

PIOTR.

Il n'y a donc pas moyen de vous avoir ! Oh ! Anicia, qui est là ? (Il tombe sur un banc.)

ANICIA, sortant de son coin.

Pourquoi es-tu sorti ? Tu aurais mieux fait de rester où tu étais.

PIOTR.

Est-ce que la fille est allée chercher Marfa ?... Je souffre... Oh ! si la mort venait donc !....

ANICIA.

La fille n'a pas le temps. Je l'ai envoyée à la rivière. Attends un peu. Quand j'aurai fini, j'irai moi-même.

PIOTR.

Envoie Anioutka !.. Où est-elle ! Oh ! je souffre ! Oh !
c'est ma mort !....

ANICIA.

Je l'ai déjà envoyée chercher.

PIOTR.

Oh !... Où est-elle donc ?...

ANICIA.

Où est-elle ? Que la paralysie lui casse les os !

PIOTR.

Oh !... Je n'en peux plus !... Cela me brûle les entrail-
les.... C'est comme si on me perçait avec une vrille !...
Pourquoi me laissez-vous seul, comme un chien ?.... Je
n'ai pas même quelqu'un pour me donner à boire....
Oh !... Envoie-moi Anioutka...

ANICIA.

La voilà ! Anioutka, va trouver ton père.

SCÈNE X

LES MÊMES, ANIOUTKA, entrant vivement.
(Anicia s'en va dans le coin.)

PIOTR.

Va t'en.... oh !... chercher... la tante Marfa... Dis-lui.... le pèré l'appelle.... qu'elle vienne.... j'en ai besoin....

ANIOUTKA.

Eh bien...

PIOTR.

Attends !... Dis-lui de se presser... Dis-lui que je meurs... oh !...

ANIOUTKA.

Je prends mon fichu et j'y cours ! (Elle sort en courant.)

SCÈNE XI

PIOTR, ANICIA, MATRIONA.

MATRIONA, clignant de l'œil.

Eh bien ! ma fille, n'oublie pas ton affaire. Va dans l'izba et fouille partout. Fais comme les chiens, quand ils cherchent leurs puces. Furète partout, moi, je le fouillerai tout à l'heure !

ANICIA, à Matriona.

Avec toi, je me sens plus de courage. (Elle s'avance vers le perron. A Piotr :)Faut-il faire bouillir le samovar ? C'est la tante Matriona qui est venue voir son fils, vous prendrez le thé ensemble.

PIOTR.

Eh bien, fais !... (Anicia entre dans l'izba.)

SCÈNE XII

PIOTR, MATRIONA.

(Matriona s'avance vers le perron.)

PIOTR.

Bonjour !

MATRIONA

Bonjour, mon bienfaiteur ! Bonjour, chéri ! Je vois que tu es toujours malade. Ce que mon vieux te plaint ! — « Va, qu'il m'a dit, prendre de ses nouvelles. » Il t'envoie le bonjour.

(Elle s'incline encore une fois.)

PIOTR.

Je me meurs...

MATRIONA.

Oui, en te regardant, Ignatitch, je vois bien que le mal n'erre pas au milieu des bois, mais bien parmi les gens. Tu as maigri, tu as bien maigri, mon cher ! Et dam ! la maladie n'embellit pas.

PIOTR.

C'est ma mort qui arrive...

MATRIONA.

Eh bien ! Piotr Ignatitch, c'est la volonté du Seigneur ! On t'a administré, avec l'aide de Dieu, tu recevras l'Extrême-onction... tu as heureusement une femme intelligente... On t'enterrera, et on fera le repas des funérailles, le tout bien convenablement, et mon fils, en attendant, fera marcher la maison.

PIOTR.

Mais, qui commandera ?... La femme n'est pas sérieuse... elle s'occupe de bêtises... C'est que je sais tout, moi... je le sais... La fille est un peu simple... elle est jeune aussi... Peu à peu... j'ai monté ma maison... et il n'y aura personne pour la faire marcher... Cela me peine! (Il pleure.)

MATRIONA.

Si c'est à cause de ton argent, tu peux disposer...

PIOTR, à Anicia qui est dans l'izba.

Anioutka ! Est-elle partie ?

MATRIONA, à part.

Il se rappelle toujours.

ANICIA, de l'izba.

Elle est partie tout de suite. Entre donc dans l'izba. Je t'aiderai.

PIOTR.

Laisse moi ici... pour la dernière fois... L'air est lourd... en dedans... Je souffre... Oh! ça m'a brûlé le cœur... Je voudrais mourir...

MATRIONA.

Si Dieu ne la retire pas, l'âme ne sort pas toute seule. Dieu dispose de la vie et de la mort, Piotr Ignatitch, et on ne peut pas prédire la mort. Il arrive qu'on se rétablit. Ainsi, chez nous, nous avions un paysan qui agonisait...

PIOTR.

Non ! Je sens que je mourrai aujourd'hui... Je le sens ! (Il s'appuie au mur et ferme les yeux.)

SCÈNE XIII

LES MÊMES, ANICIA.

ANICIA.

Eh bien ? Rentres-tu, oui ou non ? Tu te fais bien attendre, Piotr ! Eh Piotr !

MATRIONA, *se retire un peu et appelle du doigt Anicia.*

Eh bien ?

ANICIA, *descendant le perron, à Matriona.*

Rien !

MATRIONA.

As-tu bien cherché ? Sous le plancher ?

ANICIA.

Il n'est pas là non plus. C'est peut-être dans le grenier. Il y est monté hier.

MATRIONA.

Cherche, cherche partout !... Dans tous les coins... Je crois qu'il mourra aujourd'hui... tout seul. Il a les ongles bleus et le teint est devenu terreux. Est-ce que le samovar est prêt ?

ANICIA.

Il va bouillir.

SCÈNE XIV

LES MÊMES, NIKITA.

(Il arrive du côté opposé et si c'est possible à cheval. Il s'approche de la porte cochère.)

NIKITA, *à sa mère.*

Bonjour, mère ! Tout le monde va bien à la maison ?

MATRIONA.

Oui, Dieu merci !

NIKITA.

Et le patron, comment va-t-il ?

MATRIONA.

Doucement, le voilà ! (Elle indique le perron.)

NIKITA.

Eh bien, qu'il reste ! Qu'est-ce que cela me fait ?

PIOTR, ouvrant les yeux.

Nikita ! Eh ! Nikita, viens ici ! (Nikita s'approche. Anicia parle à voix basse avec Matriona.) Pourquoi es-tu rentré sitôt ?

NIKITA.

J'ai fini de labourer.

PIOTR.

As-tu labouré la bande, derrière le pont.

NIKITA.

C'est trop loin pour y aller.

PIOTR.

Loin ! Oui, d'ici, en effet, c'est plus loin. Faudra y aller exprès maintenant. Puisque tu y étais...

(Anicia, sans se faire voir, écoute.)

MATRIONA, s'avançant.

Ah ! mon fils, pourquoi n'es-tu plus dévoué pour ton patron ? Le patron est infirme. Il a confiance en toi, tu dois le servir comme ton propre père. Fais tous tes efforts, sers-le bien ! C'est comme ça que je t'ai dit de faire.

PIOTR.

Eh bien ! va sortir les pommes de terre de la cave... les femmes, oh !... iront les trier...

ANICIA, à part.

Tu attendras un peu avant que j'y aille. Il veut encore renvoyer tout le monde... C'est que maintenant il a l'argent sur lui... il veut le cacher.

PIOTR.

Quand le temps de les serrer sera venu, elles seront pourries. Oh !... je n'en peux plus !... (Il se lève.)

MATRIONA, monte vivement sur le perron et soutient Piotr.

Veux-tu que je t'aide ?

PIOTR.

Oui ! (Il s'arrête.) Nikita !

NIKITA, bourru.

Quoi, encore ?

PIOTR.

Je ne te verrai plus... Je vais mourir aujourd'hui... Pardonne-moi, pour l'amour de Dieu, pardonne-moi, si je t'ai offensé... un jour ou l'autre, par paroles. . ou par actions... Il y a eu de tout ! Pardonne-moi !

NIKITA.

Je n'ai pas à te pardonner. Nous sommes tous pécheurs.

MATRIONA.

Ah ! mon fils, écoute bien ce qu'il te dit !

PIOTR.

Pardonne, pour l'amour de Dieu ! (Il pleure.)

NIKITA, très ému.

Dieu te pardonnera, oncle Piotr ! Je n'ai pas à t'en vouloir, tu ne m'as jamais fait de mal. Pardonne-moi, toi ! Peut-être suis-je plus coupable envers toi ! (Il pleure. Piotr sort en sanglotant. Matriona le soutient.)

SCÈNE XV

NIKITA, ANICIA.

ANICIA.

Oh ! ma pauvre tête ! Ce n'est pas pour rien qu'il a parlé ! Il doit avoir quelque chose dans la tête ! (Elle s'avance vers Nikita.) Pourquoi donc as-tu dit que l'argent était sous le plancher ? Il n'y est pas.

NIKITA, pleurant, après une pause.

Il ne m'a jamais fait de mal, au contraire, il ne m'a fait que du bien. Et moi, voilà ce que j'ai fait !

ANICIA.

Assez ! Où est l'argent ?

NIKITA, fâché.

Que sais-je, moi ? Cherche-le.

ANICIA.

Qu'as-tu à être si sensible ?

NIKITA.

Il me fait peine. Comme il s'est mis à pleurer ! Heu !

ANICIA.

C'est bien la peine d'avoir pitié de lui, qui t'a toujours traité comme un chien ! Tout à l'heure, il ordonnait encore de te chasser de la maison. C'est de moi que tu devrais avoir pitié.

NIKITA.

Et pourquoi donc ?

ANICIA.

Il mourra et il aura caché son argent.

NIKITA.

N'aie pas peur ! Il ne le cachera pas.

ANICIA.

Oh ! mon petit Nikita, il a envoyé chercher la sœur ! Il veut le lui remettre. Malheur à nous ! Comment vivrons-nous s'il lui donne l'argent ? Ils nous mettront dehors. Fais ton possible. Tu as dit hier qu'il était allé au grenier ?

NIKITA.

Oui, je l'ai vu qui en sortait, mais je ne sais où il a pu le mettre.

ANICIA.

Oh ! ma pauvre tête ! Faut-il que j'y aille voir ! (Nikita s'éloigne.)

SCÈNE XVI

Les Mêmes, MATRIONA.

(Elle sort de l'izba, descend du perron et parle à voix basse à Anicia.)

MATRIONA.

Ne cherche plus, l'argent est sur lui ! Je l'ai tâté. Il est suspendu à son cou par un cordon.

ANICIA.

Oh ! ma pauvre tête !

MATRIONA.

Si tu ne l'attrapes pas tout de suite, tu iras le chercher sur l'aile de l'aigle. La sœur va venir, alors bonjour !

ANICIA.

C'est vrai ! Elle va venir et il lui remettra... Que faire alors ?

MATRIONA.

Que faire ? Regarde ici, le samovar a bouilli, fais du thé et verse-le-lui ! (*à voix basse.*) Et vide tout ce qu'il y a dans le papier... Puis, fais-le boire... Quand il aura bu une tasse, alors cherche... Ne crains rien... Il n'ira pas le raconter !

ANICIA.

J'ai peur !

MATRIONA.

Ne dis pas de bêtises ! Fais vite. Moi, j'attendrai la sœur s'il le faut. Et surtout, ouvre l'œil ! Agriffe l'argent et apporte-le ici. Nikita le cachera.

ANICIA.

Oh ! ma tête ! Je ne sais par où commencer.

MATRIONA.

Pas de réflexions ! Fais ce que je te dis ! Nikita !

NIKITA.

Quoi ?

MATRIONA.

Attends ici, sur le banc, pour le cas où il y aurait à faire...

NIKITA, avec un geste d'ennui.

Oh ! Ces femmes ! Elles inventent toujours quelque chose. Décidément, elles vont me faire perdre la tête. Ah ! laissez-moi tranquille, vaudrait mieux que j'aille sortir les pommes de terre de la cave.

MATRIONA, le retenant par le bras.

Attends, je te dis !

SCÈNE XVII

LES MÊMES, ANIOUTKA, entrant.

ANICIA.

Eh bien ?

ANIOUTKA.

Elle était dans le potager de sa fille. Elle va venir.

ANICIA.

Elle va venir... qu'allons-nous faire ?

MATRIONA, à Anicia.

Tu as le temps, fais ce que je te dis.

ANICIA.

Je ne sais pas... Je ne sais plus rien... Mes idées se brouillent... Anioutka, ma fille chérie, va voir les veaux... ils ont dû s'échapper... Oh ! je ne me sens pas le courage !...

MATRIONA.

Va donc ! je parie que le samovar déborde.

ANICIA, s'en allant.

Oh ! ma pauvre tête ! (Elle sort.)

SCÈNE XVIII

MATRIONA, NIKITA.

MATRIONA, s'avançant vers son fils.

C'est comme ça, mon fils ! (Elle s'assied près de lui sur le banc.) Il faut bien réfléchir à ton affaire et ne pas agir à la légère...

NIKITA.

Quelle affaire donc?

MATRIONA.

Savoir bien arranger ta vie en ce monde.

NIKITA.

Arranger ma vie ! Tout le monde vit, je ferai comme tout le monde.

MATRIONA.

Je pense bien que le vieux mourra aujourd'hui.

NIKITA.

S'il meurt, qu'il aille au ciel ! Qu'est-ce que cela me fiche ?

MATRIONA, tout en parlant, elle ne quitte pas le perron des yeux.

Ah ! mon fils, les vivants doivent penser aux choses de ce monde. Et on a besoin d'avoir beaucoup de tête ! Avec tes idées drôles, c'est moi qui suis obligée de me fourrer partout, qui m'éreinte en m'occupant de toi. Souviens-t'en bien et ne m'oublie pas plus tard.

NIKITA.

De quoi t'es-tu occupée, voyons ?

MATRIONA.

De quoi ? De ton sort, de ton avenir. Si on n'y pensait pas d'avance, on n'arriverait à rien. Tu connais Ivan Mosieitch, n'est-ce pas ? Je suis très bien avec lui. Dernièrement, je suis entrée chez lui pour une affaire... j'étais assise, nous causions de choses et d'autres et alors, je lui ai demandé : — Comment donc, Ivan Mosieitch, pourrait-on arranger une affaire de ce genre ? Voilà, je suppose, un veuf, qui épouse une femme en secondes noces, et il n'a, par exemple, qu'une fille de cette femme et une autre de la première. Eh bien, que je lui dis, si ce paysan meurt, est-ce que la veuve peut faire entrer dans la maison un second mari ? — Oui, ça se peut, qu'il dit, seulement il faut y mettre de l'habileté. Avec de l'argent, on peut arranger cette affaire-là, mais sans argent, il ne faut pas y penser.

NIKITA, riant.

Bien entendu ! Il n'y a qu'à donner de l'argent. L'argent, tout le monde en a besoin.

MATRIONA.

Alors, chéri, je lui ai raconté tout. — Premièrement, qu'il dit, il faut que ton fils se fasse inscrire dans cette commune. Pour ça, faut de l'argent... pour faire boire les vieux. Alors, ils signeront. Faut tout faire, qu'il dit, avec intelligence. Tiens, regarde ! (Elle prend un papier dans son fichu.) Voilà le papier qu'il a fait. Lis-le, tu es savant, toi ! (Nikita lit tout bas, Matriona écoute).

NIKITA.

C'est un papier comme un autre. C'est un certificat d'inscription. Faut pas beaucoup d'intelligence pour cela.

MATRIONA.

Ecoute donc ce qu'Ivan Mosieitch dit encore. — Surtout, qu'il dit, ma tante, fais attention de ne pas laisser échapper l'argent. Si elle ne l'attrape pas, la maison sera fermée pour le mari. L'argent est le nerf de tout. Fais donc attention, mon fils, c'est bientôt le moment.

NIKITA.

Qu'est-ce que cela me fait ? L'argent est à elle. Qu'elle s'arrange !

MATRIONA.

Eh ! mon fils, comme tu raisonnes ! Est-ce qu'une femme sait s'arranger ? Quand même elle prendrait l'argent, elle ne saurait qu'en faire ! Une femme, c'est connu ! Toi, tu es un homme, tu peux le cacher et cætera... Tu sauras mieux te retourner, s'il arrive quelque chose.

NIKITA.

Vos projets, à vous autres femmes, ne sont pas raisonnables du tout.

MATRIONA.

Pourquoi donc, pas raisonnables? Fais main-basse sur l'argent et tu tiendras la femme ; si jamais elle s'avise de rechigner, tu auras de quoi la mater !

NIKITA.

Laisse-moi tranquille, je m'en vais !

SCÈNE XIX

NIKITA, MATRIONA, ANICIA.

(Anicia sort vivement de l'izba, toute pâle.)

ANICIA, à Matriona.

L'argent était bien sur lui! Le voilà ! (Elle le montre sous son tablier.)

MATRIONA.

Donne-le à Nikita, il le cachera! Nikita, prends-le et serre-le quelque part.

NIKITA.

Eh bien, donne.

ANICIA.

Ah ! ma tête ! Est-ce bien moi?... (Elle va vers la porte co-chère).

MATRIONA, l'arrêtant par le bras.

Où vas-tu? On remarquera ton absence. La sœur va venir... Donne-le lui... Il sait... Oh ! la folle !

A N I C I A, indécise.

Oh ! ma tête !

N I K I T A.

Eh bien donne, si tu veux ! Je le fourrerai quelque part.

A N I C I A.

Où donc ?

N I K I T A.

Est ce que tu craindrais, par hasard ? (Il rit.)

SCÈNE XX

LES MÊMES, AKOULINA, rentrant avec le linge.

A N I C I A.

Oh ! ma pauvre tête ! (Elle lui remet l'argent.) Nikita, garde-
le bien !

N I K I T A.

Que crains-tu ? Je le cacherai si bi n que je ne le retrou-
verai pas moi-même. (Il sort.)

SCÈNE XXI

MATRIONA, ANICIA, AKOULINA.

A N I C I A, épouvantée.

Oh ! s'il...

M A T R I O N A.

Eh bien ? Est-il mort ?

4

ANICIA.

Je crois que oui. Je lui ai enlevé le sac du cou et il n'a rien senti...

MATRIONA.

Va donc dans l'izba. Voici Akoulina.

ANICIA.

C'est moi qui ai commis le péché... et s'il s'empare de l'argent ?

MATRIONA.

Assez ! rentre dans l'izba. Voici Marfa qui vient.

ANICIA.

J'ai eu confiance en lui !... Nous allons voir ! (Elle rentre.

SCÈNE XXII.

MARFA, AKOULINA, MATRIONA.

(Marfa entre d'un côté, Akoulina de l'autre.)

MARFA, à Akoulina.

Je serais venue plus tôt, mais j'étais chez ma fille. Eh bien ? Et le vieux ? Il veut donc mourir ?

AKOULINA, posant son linge.

Je ne sais pas. Je viens de la rivière.

MARFA, montrant Matriona.

Qui est cette femme ?

MATRIONA.

Je suis de Zouievo ! Je suis la mère de Nikita, de Zouievo, ma chère ! Bonjour ! Ce qu'il languit, ce qu'il languit, ton pauvre frère ! Il est sorti lui-même. — Envoyez-moi, a-t-il dit, la sœur, parce que... parce que... Oh ! est-ce qu'il serait mort ?..

SCÈNE XXIII

Les Mêmes et ANICIA. (Elle sort en courant de l'izba. Elle embrasse une colonnade du perron en hurlant.)

ANICIA.

Oh ! Oh !... Pourquoi m'as-tu laissée .... toute seule.. veuve... malheureuse... pour toujours... pour toujours... il a fermé ses yeux... ses yeux clairs...

SCÈNE XXIV

Les Mêmes, LA COMMÈRE.

(La commère et Matriona soutiennent Anicia sous les bras. Akoulina et Marfa entrent dans l'izba. Les voisins accourent.)

UNE VOIX.

Il faut appeler les vieilles pour laver le mort.

MATRIONA, retroussant ses manches.

Y a-t-il de l'eau dans le chaudron ? Ah ! il y en a encore dans le samovar. Je vais m'y mettre !

Rideau.

ACTE TROISIÈME

La scène représente l'izba de Piotr pendant l'hiver. Entre le 2ᵉ et le 3ᵉ acte, neuf mois se sont écoulés. Anicia, en costume négligé, tisse devant un métier. Anioutka est étendue sur le poêle. Mitritch, vieil ouvrier de campagne.

SCÈNE PREMIÈRE

ANICIA, ANIOUTKA, MITRITCH.

MITRITCH, *entre lentement et ôte son touloup.*

Ah ! bon Dieu de bon Dieu ! Eh bien ? Le patron n'est pas encore revenu ?

ANICIA.

Comment ?

MITRITCH.

Nikita n'est pas encore rentré de la ville ?

ANICIA.

Non.

MITRITCH.

Il doit faire la noce là-bas. Ah ! Dieu !

ANICIA.

As-tu fini de battre le blé ?

MITRITCH.

Bien sûr ! J'ai arrangé la paille. J'aime pas faire les choses à moitié. Oh ! Dieu ! Saint Nicolas ! (*Il gratte ses durillons aux mains.*) Il devrait pourtant être de retour.

ANICIA.

Il n'a pas besoin de se presser. Il a de l'argent... il s'amuse avec la fille.

MITRITCH.

Dam ! S'il a de l'argent, pourquoi ne s'amuserait-il pas ? Pourquoi donc Akoulina est-elle allée en ville ?

ANICIA.

Demande-lui pourquoi le diable l'a emportée là-bas.

MITRITCH.

Dam ! C'est qu'en ville, avec de l'argent on a de tout. O Dieu !

ANIOUTKA.

Moi, maman, j'ai entendu ... de mes oreilles : — « Je t'achèterai un fichu, qu'il a dit, tu le choisiras toi-même, qu'il a dit. » Elle s'est bien habillée. Elle a mis son caraco de velours et un châle français.

ANICIA.

On a bien raison de dire que la pudeur des filles ne dépasse pas le seuil de la porte. Aussitôt franchie, aussitôt oubliée. Oh ! l'effrontée !

MITRITCH.

Bah ! de la pudeur, pourquoi faire ? Quand on a de l'argent, on s'amuse. Oh! Dieu ! Est-ce que ce ne serait pas l'heure de souper ? (Anicia garde le silence.) En attendant, je vais me chauffer. (Il grimpe sur le poêle.) Oh! mon Dieu ! Sainte Vierge ! Grand Saint-Nicolas !

SCÈNE II

Les Mêmes, la Commère.

LA COMMÈRE, entrant.

Eh bien ? Et ton homme ? Il paraît qu'il n'est pas encore de retour ?

ANICIA.

Non.

LA COMMÈRE.

Il serait temps. Est-ce qu'il ne se serait pas arrêté par hasard à l'auberge ? Ma sœur Fiokla m'a dit qu'il y avait devant l'auberge beaucoup de traîneaux.

ANICIA.

Anioutka ! Eh ! Anioutka !

ANIOUTKA.

Quoi ?

ANICIA.

Va voir à l'auberge. Tu regarderas si Nikita ne s'y serait pas arrêté, étant saoûl.

ANIOUTKA, saute en bas du poêle et met un fichu.

J'y vais.

LA COMMÈRE.

Il a emmené avec lui Akoulina?

ANICIA.

Sans elle, il ne serait pas allé à la ville. C'est elle qui est cause de toutes ces affaires. — « J'ai à toucher de l'argent à la banque, qu'il a dit. » C'est elle qui embrouille tout

LA COMMÈRE, hochant la tête.

C'est évident. (Silence.)

ANIOUTKA, sur le seuil.

S'il est là, qu'est-ce qu'il faut lui dire ?

ANICIA.

Regarde seulement s'il est là.

ANIOUTKA.

C'est bien, j'y cours. (Elle sort.)

SCÈNE III

ANICIA, MITRITCH, LA COMMÈRE. (Long silence.)

MITRITCH, geignant.

Oh ! Dieu ! Nicolas le miséricordieux !

LA COMMÈRE, sursautant.

Oh ! Qu'il m'a fait peur ! Qui-est ce donc ?

ANICIA.

C'est Mitritch, notre ouvrier.

LA COMMÈRE.

Oh ! Qu'il m'a effrayée ! Je ne pensais pas à lui. Est-ce vrai, commère ? On dit qu'on a demandé Akoulina en mariage ?

ANICIA, quitte son métier et s'assied devant la table.

Oui, des gens de Diediovo ont fait quelques avances, mais il paraît que là-bas aussi on a eu vent de quelquechose. Ils ont fait des avances et il se sont tenus cois. L'affaire est tombée dans l'eau. Qui est-ce qui voudrait d'elle ?

LA COMMÈRE.

Et les Lizounov de Zouievo ?

ANICIA.

Ils ont envoyé aussi…. mais l'affaire n'a pas abouti. Il n'a pas même voulu les recevoir.

LA COMMÈRE.

On devrait pourtant bien la marier.

ANICIA.

Ah ! oui, il le faudrait bien ! Je suis impatiente, commère, de la mettre dehors, mais je n'ai pas de chance ! Ni l'un ni l'autre n'en ont envie. Il n'a pas encore assez de sa belle, vois-tu !

LA COMMÈRE.

Oh ! quel péché ! C'est à n'y pas croire ! Cependant, c'est son beau-père ?

ANICIA.

Eh ! commère ! on m'a mise ledans…. et bien adroite-ment, il n'y a pas à dire. J'ai été bien bête de ne rien voir… quand je me suis mariée. Je n'ai rien deviné et ce-pendant ils s'entendaient déjà.

LA COMMÈRE.

Quelle histoire !

ANICIA.

C'est après que j'ai commencé à voir clair. Ils se ca-chaient de moi ! Ah ! commère ! Si tu savais comme cela me faisait mal au cœur ! Si encore je ne l'aimais pas !

LA COMMÈRE.

C'est évident !

ANICIA.

Oh! qu'il m'était douloureux de me voir offensée par lui!

LA COMMÈRE.

Il paraît qu'il commence à avoir la main leste.

ANICIA.

Y a de tout ! Auparavant, il n'était pas méchant quand il était ivre. Autrefois aussi, il levait le coude, mais je lui convenais tout de même, maintenant, aussitôt qu'il est plein, il marche sur moi et il veut m'écraser sous ses pieds. Dernièrement il s'est empêtré les mains dans mes cheveux, j'ai eu toutes les peines du monde pour m'en débarrasser. Quant à la fille, pire qu'un serpent ! La terre en produit rarement d'aussi canailles !

LA COMMÈRE.

Eh ! commère, tu es malheureuse, je le vois bien. Ça doit être bien pénible pour toi. Tu as recueilli chez toi un va-nus-pieds et aujourd'hui, c'est lui qui te maltraite. Pourquoi ne le tiens-tu pas ?

ANICIA.

O ma chère commère, que veux-tu que je fasse avec mon cœur ? Défunt mon mari était bien plus dur, et cependant je le retournais comme je voulais. Aujourd'hui je ne puis plus. Il me suffit de le voir pour que toute ma colère tombe. Devant lui, je ne me sens plus de courage, je suis comme une poule mouillée.

LA COMMÈRE.

Eh ! commère, on t'a ensorcelée ! On dit que Matriona s'occupe de jeter des sorts. C'est elle qui l'a fait.

ANICIA.

C'est ce que je pense aussi. Souvent je m'en veux. Il me

semble que je le déchirerais. Sitôt qu'il apparaît, tout mon courage s'en va !

LA COMMÈRE.

Il est évident que tu es ensorcelée. Il ne faut pas grand chose pour ça. Quand je te regarde, je trouve que tu n'es plus la même.

ANICIA.

Mes jambes fléchissent sous moi, et regarde cette bête d'Akoulina. Elle, toujours négligée, échevelée, regarde-la maintenant. Quel changement ! Il l'a bien habillée, elle a engraissé, et malgré sa bêtise, elle s'est mise des idées dans la tête. — « Je suis la maîtresse, qu'elle dit, la maison est à moi. Petit père voulait me marier avec lui. » Et ce qu'elle est méchante, grands dieux ! Quand elle se met en colère, elle serait capable de tout renverser.

LA COMMÈRE.

Quelle vie que la tienne ! Et dire qu'il y en a qui sont jaloux de toi ! On dit que vous êtes riches, mais à ce que je vois, l'or n'empêche pas les larmes de couler.

ANICIA.

Y a vraiment de quoi être jaloux ! Cette richesse, elle va s'en aller en fumée ! C'est inouï ce qu'il jette l'argent par les fenêtres.

LA COMMÈRE.

Pourquoi l'as-tu laissé faire ? L'argent est à toi.

ANICIA.

Ah ! si j'avais pu le prévoir ! J'ai fait une grande bêtise.

LA COMMÈRE.

Moi, commère, à ta place, j'irais me plaindre au grand chef. L'argent est à toi. Comment ose-t-il le dépenser ? Des mœurs pareilles ne sont pas permises.

ANICIA.

Par le temps qui court, on peut tout faire.

LA COMMÈRE.

Oh ! commère, comme tu te laisses aller !

ANICIA.

Oui, je me laisse aller, ma chère, tout à fait. J'ai la tête tournée ! Je ne sais plus rien. Oh ! ma pauvre tête !

LA COMMÈRE.

Voilà quelqu'un qui vient. (Elle écoute ; la porte s'ouvre et Akim entre.)

SCÈNE IV

Les Mêmes et AKIM.

A K I M, se signe devant l'image, ôte ses laptis et enlève son touloup.

Que la paix soit dans cette maison ! Allez-vous bien ? Bonjour, petite tante !

ANICIA.

Bonjour, père, tu viens de chez toi ?

AKIM.

J'ai eu l'idée, oui... poussons jusque chez le fils... Je ne suis pas sorti de bonne heure .. j'ai dîné... vois-tu... et puis je suis parti... le temps est bien neigeux... dur pour marcher... et voilà... comment je suis en retard... Et le fils est-il chez lui ?

ANICIA.

Non. Il est en ville.

A K I M, s'assied sur un banc.

C'est que... j'ai une petite affaire... oui, une petite

affaire... Je lui ai parlé... vois-tu... dernièrement... je lui ai parlé de ma gêne... Le cheval, sais-tu, ne tient plus debout, le cheval... Alors, faudrait s'arranger... pour en avoir un autre... un cheval. Et voilà... oui... pourquoi je suis venu.

ANICIA.

Oui, Nikita m'en a parlé. Il va arriver. Vous en causerez. (Se dirigeant vers le poêle.) Viens souper, en attendant qu'il arrive. Mitritch! Eh! Mitritch, viens souper!

MITRITCH.

Oh! Dieu ! Saint Nicolas le miséricordieux !

ANICIA.

Viens souper.

LA COMMÈRE.

Je m'en vais, adieu ! (Elle sort.)

SCÈNE V

AKIM, ANICIA, MITRITCH.

MITRITCH, descendant du poêle.

Je me suis endormi sans faire attention. Oh ! Dieu ! saint Nicolas ! Bonjour, oncle Akim.

AKIM.

Eh! Mitritch !... Tu es donc ?... Alors tu es... ça...

MITRITCH.

Oui! Je suis ouvrier chez Nikita, je suis chez ton fils.

AKIM

Eh ! alors... tu es... ça... ouvrier... chez le fils, eh ?

MITRITCH.

Ces derniers temps, j'étais employé chez un marchand en ville. Seulement, j'ai bu tout ce que j'avais, et me voilà revenu au village. Comme je ne savais pas où amarrer, alors je me suis loué (Il baille.) Oh ! Dieu !

AKIM.

Est-ce que Nikita... alors... oui.. il est donc bien occupé ?... Est-ce qu'il a affaire ailleurs qu'il a pris... un ouvrier.... ça... un ouvrier ?

ANICIA.

Quelle affaire veux-tu qu'il ait ? Avant, il suffisait tout seul à la besogne. Maintenant il a bien autre chose dans la tête. C'est pour ça qu'il a pris un ouvrier.

MITRITCH.

Puisqu'il a des sous, qu'est-ce que cela lui fait ?

AKIM.

Pour ça, il a tort... il a bien tort, pour ça... il a tort. I se dérange...

ANICIA.

Il est tellement dérangé, tellement que... mon Dieu...

AKIM.

Voilà... on pense pour le mieux... oui... et il en résulte pire... Dans la richesse... l'homme se gâte... dans la richesse.

MITRITCH.

Même les chiens trop bien nourris deviennent enragés comment veux-tu qu'on ne se gâte pas ? Ainsi, moi par exemple, j'ai bamboché tant que j'ai été dans l'abondance. Je n'ai pas dessoûlé de trois semaines. J'ai bu jusqu'à ma dernière culotte. Quand je n'ai plus eu le moyen, je me suis arrêté. Maintenant j'ai juré... au diable le vin !

AKIM.

Et ta vieille, alors, où est-elle?

MITRITCH.

La vieille? Elle est placée, elle est en ville... elle court les cabarets, elle fait la belle dame avec son œil arraché et l'autre au beurre noir et sa gueule de travers. Elle ne dessoûle pas, que le bon Dieu la protège!

AKIM.

Oh! Oh! qu'est-ce que c'est donc?...

MITRITCH.

Où veux-tu qu'on place une femme de soldat! Elle est à sa place. (Silence.)

AKIM, à Anicia.

Est-ce que Nikita, oui... a porté... ça... quelque chose en ville? Est-ce qu'il est allé vendre quelque chose?

ANICIA, mettant le couvert et servant à souper.

Non, il est parti à vide. Il est allé chercher de l'argent à la banque.

AKIM, mangeant.

Est-ce que vous voulez... ça... le placer encore ailleurs... l'argent.

ANICIA.

Non, nous n'y touchons pas. Ce n'est que vingt ou trente roubles, dont nous avons besoin. Il faut bien en aller chercher.

AKIM.

Le chercher... Pourquoi donc... aller prendre.... l'argent... On en prend, ça... aujourd'hui... on en prend demain... et on finit par prendre tout...

ANICIA.

Non, c'est à part. Le capital reste entier.

AKIM.

Entier ?... Comment ça... qu'il reste entier? Vous en
prendrez et il restera entier? Verse la farine dans la huche ou range-la sous le hangar... prends-en... est-ce
qu'elle restera entière? C'est pas ça, non! Ils trompent le
monde... Éclaircissez cela, autrement on vous trompera.
Entier!... Vous en prenez continuellement et vous voulez
que cela reste entier.

ANICIA.

Je ne saurais pas t'expliquer cela. C'est Ivan Mosieitch
qui nous l'a conseillé. — Mettez, qu'il nous a dit, votre argent à la banque. L'argent sera en sûreté et vous aurez
encore des intérêts.

MITRITCH, qui a fini de souper.

Il a raison. J'étais chez le négociant; chez eux, c'est
comme cela que cela se fait. On dépose son argent et on
n'a qu'à s'étendre sur le poêle. L'argent vient tout seul.

AKIM,

C'est drôle, ça... ce que tu dis... Comment donc recevoir... ça... toi, tu reçois... et eux donc... de qui reçoivent-
ils ?...

ANICIA.

Ils vous donnent l'argent de la banque.

MITRITCH.

Une femme, ça ne connaît pas le fond des choses. Tiens,
je vais t'expliquer tout cela. Saisis bien. Tu as, par exemple, tu as de l'argent, et moi, de mon côté, je suis au printemps, pas de quoi ensemencer ou de quoi payer les im-
pôts. Alors, je viens chez toi et je te dis : — « Akim, prête-
moi dix roubles et moi, quand j'aurai fini les travaux, je
te les rendrai et pour le service que tu m'auras rendu, je te
faucherai une déciatine de terre. » Tu sais que j'ai de quoi
répondre, un cheval... une vache... et tu me dis : — « Pour
le service, tu me donneras deux ou trois roubles. » Comme

j'ai la corde au cou, j'accepte. L'automne suivant, je vends ma récolte et je t'apporte l'argent. Tu me soutires encore trois roubles. C'est à part.

A K I M .

Mais... mais... ça... les paysans qui font ça... n'agissent pas justement... C'est qu'ils ont oublié Dieu... Ce n'est pas ça... non.

M I T R I T C H .

Attends, tu vas voir. Suis bien maintenant mon raisonnement..... Tu as donc fait comme je viens de te le dire, tu m'as dévalisé, mais Anicia, d'un autre côté, a de l'argent libre, elle ne sait qu'en faire... c'est une femme... elle ne sait comment le placer. Alors elle vient te trouver et elle te dit : — Ne pourrais-tu pas utiliser aussi mon argent ? — Si, que tu réponds, c'est possible. Et tu attends. L'été, je reviens. — Prête-moi encore dix roubles, que je te dis, et je t'en saurai gré. Alors tu examines mon cas. Si je ne suis pas encore tout à fait vidé et s'il est possible de me soutirer encore quelque chose, tu me donnes l'argent d'Anicia ; si, au contraire, je n'ai plus un radis, si je n'ai rien à me mettre sous la dent, tu me fermes la porte au nez, en me disant : — Que le bon Dieu t'accompagne ! Et tu en cherches un autre à qui tu donnes ton argent et celui d'Anicia et celui-là tu l'écorches à son tour. Voilà ce que c'est que la banque. Et cela marche rondement, comme je te le dis. C'est très malin.

A K I M , s'échauffant.

Oui, comment ?... Ça... Mais ça... Ça, c'est une infamie ! Y a des paysans qui le font... mais ces paysans-là, vois-tu, savent bien qu'ils commettent un péché... C'est pas selon la loi... ça... oui. C'est une infamie. Comment des hommes instruits, ça...

M I T R I T C H .

Pour eux, mon cher, c'est une affaire fort agréable. Saisis bien. Quand un homme un peu bête ou bien encore

une femme ne sait pas utiliser son argent, ils le portent à
la banque et eux, que le bon Dieu les protège ! ils em-
pochent et avec cet argent-là, ils écorchent le peuple.
C'est malin.

AKIM, soupirant.

Eh ! je vois ça, sans argent on est malheureux... avec,
on l'est encore plus.... Comment, le bon Dieu nous a com-
mandé de travailler, et toi, oui... tu as mis l'argent dans
la banque... et tu dors... L'argent te nourrit sans que tu
fasses œuvre de tes dix doigts !... C'est une infamie, ça,
ce n'est pas d'après la loi !

MITRITCH.

La loi ! On s'en fiche pas mal maintenant ! On écorche
proprement, voilà !

AKIM soupirant.

Oh ! quel temps ! Ainsi, dernièrement... j'ai vu... en
ville des cabinets d'aisance... quelles inventions ! Ils sont
cirés, vois-tu, coquets comme une auberge et tout ça en
pure pe te... Et Dieu... on l'a oublié... on l'a oublié, vois-
tu !.. Oublié, nous l'avons oublié, Dieu, le bon Dieu !
(A Anicia.) Merci, ma chère, je suis rassasié, content. (Il se
lève de t ble. Mitritcht monte sur le poêle.)

ANICIA, dessert la table et mange.

Au moins son père le sermonnerait ! j'ai honte d'en
parler.

AKIM.

Quoi ?

ANICIA.

Rien.

SCÈNE VI

LES MÊMES, ANIOUTKA, entrant.

AKIM.

Ah ! ma petite fûtée ! On se remue donc toujours ! Tu as
fioid, hein ?

ANIOUTKA.

Oh ! oui, beaucoup ! Bonjour, petit grand-père.

ANICIA.

Eh bien, est-il là-bas ?

ANIOUTKA.

Non. Seulement Andriane qui est venu de la ville dit qu'il les a vus dans une auberge. — « Le petit père, qu'il a dit, est ivre-mort. »

ANICIA.

Veux-tu manger, tiens !

ANIOUTKA, s'approchant du poê'e.

Ah ! quel froid ! J'ai les mains toutes raides.

(Akim se déchausse. Anicia lave la vaisselle.)

ANICIA.

Petit père ?

AKIM.

Quoi ?

ANICIA.

Marina ? Vit-elle bien ?

AKIM.

Pas mal. C'est une petite femme, ça... intelligente... douce... Elle vit, vois-tu... fait de son mieux... Pas mal, la petite femme... bien soigneuse, bien active et puis ça... bien modeste... pas mal du tout, la petite femme...

ANICIA.

On a dit que quelqu'un de votre village, parent du mari de Marina, voulait demander Akoulina ? En as-tu entendu parler ?

AKIM.

Les Mironov ! Oui... les femmes en ont causé... seulement... je ne sais pas... Les vieilles en parlaient entre

elles... je n'ai pas bonne mémoire... moi, pas du tout...
Quant aux Mironov... ce sont des paysans, ça... pas mal...

ANICIA.

Et que je serais contente de la marier au plus tôt !

AKIM.

Pourquoi ?

ANIOUTKA, prêtant l'oreille.

Le voilà arrivé.

ANICIA.

Eh bien, quoi ? (Elle continue à laver les cuillers sans tourner
la tête.)

SCÈNE VII

LES MÊMES, NIKITA.

NIKITA.

Anicia ! Eh ! la femme ! Qu'est-ce qui entre ?
(Anicia le regarde et détourne la tête en silence.)

NIKITA, durement.

Qu'est-ce qui entre ? As-tu oublié ?

ANICIA

Assez de fanfaronnades comme ça ! Entre.

NIKITA, plus durement encore.

Qu'est-ce qui entre ?

ANICIA, s'avance et le prenant par la main.

Eh bien ! c'est le mari ! Entre donc !

NIKITA, *résistant.*

Ah ! tu as compris ! Le mari ! Et comment l'appelle-t-on le mari ? Parle correctement.

ANICIA.

Bon ! Nikita.

NIKITA.

Ah !... ignorante. Dis le nom de mon père.

ANICIA.

Eh bien ! Akimitch.

NIKITA, *sur le seuil.*

Ah !... Et mon nom de famille ? Comment ?

ANICIA, *rit et le tire par la main.*

Tchilikine. Oh ! ce qu'il est plein !

NIKITA.

Ah !... (*Il se tient au chambranle de la porte.*) Et dis-moi de quel pied Tchilikine entre dans l'izba.

ANICIA.

Assez donc ! Tu vas faire refroidir la chambre.

NIKITA.

Non, dis de quel pied il rentre. C'est obligatoire.

ANICIA, *à part.*

Il va m'embêter maintenant (*Haut.*) Eh bien, du gauche ! Entre donc maintenant.

NIKITA.

Ah !...

ANICIA.

Regarde donc qui t'attend dans l'izba.

NIKITA.

Le père ! Eh bien, quoi ! Je ne méprise pas mon père, je

peux même lui témoigner mon estime! Bonjour, petit
père ! (Il s'incline et tend la main à Akim.) Mes respects !

AKIM, sans répondie.

Le vin, voilà.... vois-tu... voilà ce qu'il fait... une infamie...

NIKITA.

Le vin ?... Ce que j'ai bu ? Décidément, j'ai eu tort, j'ai
bu avec un ami... à sa santé.

ANICIA.

Va donc te coucher.

NIKITA.

Femme, où est-ce que je me trouve ?

ANICIA.

C'est bien, va te coucher.

NIKITA.

Auparavant, je veux encore boire du thé avec le père.
Fais chauffer le samovar. — Akoulina, entre donc !

SCÈNE VIII

LES MÊMES, AKOULINA.

AKOULINA, endimanchée, s'avançant avec un paquet vers Nikita.

Pourquoi as-tu tout jeté à droite et à gauche. Où est le
fil?

NIKITA.

Le fil? Le fil est par là. Eh! Mitritch, où es-tu? Tu dors?
Va dételer le cheval.

AKIM, regardant son fils sans voir Akoulina.

Et voilà... le vieux... il est fatigué... il a battu le blé...

5.

et lui... il s'est soûlé... Et il l'envoie dételer le cheval.. quelle infamie !

MITRITCH,   descend du poêle et met ses bottes de feutre.

O Dieu miséricordieux ! Où est-il le cheval ? Dans la cour ? Il a dû bien l'éreinter. Que la peste l'étouffe ! Comme il a pompé... il en a jusque-là ! Dieu ! Saint-Nicolas ! (Il met son touloup et sort.)

NIKITA, s'asseyant.

Pardonne-moi, petit père. J'ai bu, c'est vrai, eh bien, après ? les poules boivent bien. Est-ce pas vrai ? Pardonne-moi donc. Mitritch ne s'en offense pas, il détellera.

ANICIA.

Faut-il vraiment faire chauffer le samovar.

NIKITA.

Oui, j'ai mon père ici, je veux causer avec lui et nous prendrons du thé. (A Akoulina.) As-tu apporté tous les achats ?

AKOULINA.

Les achats ? J'ai pris les miens. Le reste est dans le traîneau. Celui-là, tiens, n'est pas à moi. (Elle jette un paquet sur la table et elle range le reste dans un bahut. Anioutka la regarde faire. Akim ne regarde pas son fils ; il met ses laptis et ses bandelettes à sécher sur le poêle.)

ANICIA, sortant avec le samovar.

Le bahut est plein ! Et il a fallu qu'il achète encore.

SCÈNE IX

AKIM, AKOULINA, ANIOUTKA, NIKITA.

NIKITA, feignant d'être dégrisé.

Ne te fâche pas, petit père. Tu penses que je suis saoûl.

Positivement, j'ai toujours ma raison. Je connais le proverbe : — Bois, mais ne perds jamais la tête. Je peux causer avec toi, petit père, à l'instant même... Je n'ai rien oublié. Tu m'as parlé d'argent ... ton cheval ne tient plus debout, je m'en souviens très bien. C'est possible !... Tout cela dépend de moi. Si la somme d'argent était colossale, je te prierais d'attendre, mais, pour ce que tu demandes, je peux tout... Tiens !

AKIM, continue à arranger ses bandelettes.

Eh ! petit, vois-tu, oui... ce n'est guère le moment de causer.

NIKITA

Pourquoi me dis-tu ça ? Tu veux dire qu'on ne peut pas, raisonner avec un soulard ? Je ne suis pas ivre. N'en doute pas... Nous allons boire du thé. Quant à moi, te peux tout, positivement, je peux arranger tout...

AKIM, hochant la tête.

Eh ! Eh ! Eh ! Eh !

NIKITA.

L'argent ! Le voilà. (Il cherche dans sa poche, retire d'un portefeuille chiffonné une liasse de billets, parmi lesquels il choisit un billet de dix roubles.) Tiens ! pour le cheval ! Prends pour le cheval. Je ne suis pas de ceux qui oublient leurs parents. C'est obligatoire ! Tu es mon père, je ne puis t'abandonner. Tiens ! prends ! C'est bien simple. Je ne suis pas avare ! (Il s'avance vers Akim et veut lui glisser le billet. Akim ne le prend pas. Nikita prend son père par le bras.) Prends, je te dis, quand je te le donne, je ne le regrette pas.

AKIM.

Je ne peux pas, ça... prendre... et je ne veux pas... non, te parler... parce que... oui... tu n'as plus ta raison.

NIKITA.

Je ne te lâcherai pas ! Prends ! (Il lui glisse le billet dans la main.)

SCÈNE X

LES MÊMES, ANICIA.

ANICIA, entre et s'arrête.

Prends-le donc, autrement, il ne te lâchera pas.(Akim prend le billet en hochant la tête.)

AKIM.

Oh! le vin !... On n'est plus un homme....

NIKITA.

Eh bien, c'est mieux comme cela. Si tu me le rends, c'est bien ! Si tu ne me rends pas, eh bien ! à la garde de Dieu! Je suis comme ça, moi ! (Il aperçoit Akoulina.) Akoulina, fais voir les cadeaux.

AKOULINA.

Quoi ?

NIKITA.

Fais voir les cadeaux.

AKOULINA.

Ce n'est pas la peine, je les ai serrés.

NIKITA.

Fais-les voir, je te dis, Anioutka sera contente de les voir. Montre-les à Anioutka. Déplie le fichu, passe-le-moi.

AKIM.

Ça me fait mal au cœur, rien que de le regarder. (Il re-grimpe sur le poêle.)

AKOULINA, sort différents paquets du coffre et les met sur la table.

A quoi bon les montrer ?

ANIOUTKA.

Oh! qu'il est beau ! Il est aussi joli que celui de Stepanida!

AKOULINA.

Celui de Stepanida ? Il n'y a pas de comparaison. (S'échauffant et le dépliant.) Regarde un peu quelle qualité. C'est un fichu français.

ANIOUTKA.

Et la cretonne ? Qu'elle est jolie ! Machoutka a une robe pareille, mais elle est plus claire, sur fond bleu.

NIKITA.

Ah!...

(Anicia se rend d'un air fâché dans le cabinet de débarras ; elle en ressort avec un tuyau à samovar et une nappe et elle s'avance vers la table.)

ANICIA.

En voilà un étalage !

NIKITA.

Regarde donc.

ANICIA.

Regarder quoi? Est-ce que je n'ai pas vu? Enlève-moi ça! (Elle jette à terre le fichu d'Akoulina.)

AKOULINA.

Pourquoi le jettes-tu ? Jette ce qui t'appartient. (Elle ramasse son châle.)

NIKITA.

Prends bien garde, Anicia !

ANICIA.

A quoi ?

NIKITA.

Tu penses que je t'ai oubliée ? Regarde ici. (Il lui montre un paquet et il s'assied dessus.) Un cadeau pour toi, seulement faut que tu le mérites. Femme, où suis-je ici ?

ANICIA.

Assez de fanfaronnades ! Je ne te crains pas. Avec quel

rgent fais-tu la noce et achètes-tu des cadeaux à ta grosse boulotte ? Avec le mien.

AKOULINA.

Oh ! le tien ! Tu voulais le voler, mais tu n'as pas réussi. Ote-toi de là ! (Elle la bouscule pour passer.)

ANICIA.

Pourquoi me bouscules-tu ? C'est moi qui vais te bousculer.

AKOULINA.

Me bousculer, moi ! Viens-y donc un peu ! (Elle marche au devant d'elle.)

NIKITA.

Eh ! les femmes, là ! Assez ! (Il s'interpose entre elles.)

AKOULINA.

En v'là du toupet ! Tu ferais bien mieux de te taire, si tu crois qu'on ne sait rien !

ANICIA.

Dis, qu'est-ce qu'on sait ?

AKOULINA.

Je sais quelque chose qui te concerne.

ANICIA.

Tu es une catin ! Tu cours avec un homme marié !

AKOULINA.

Et toi qui as fait mourir le tien !

ANICIA, se jetant sur Akoulina.

Tu mens !

NIKITA, la retenant.

Anicia, as-tu oublié ?

ANICIA.

Je me fiche de tes menaces ! Je ne te crains pas.

NIKITA.

A la porte! (Il pousse Anicia dehors par les épaules.)

ANICIA.

Où veux-tu que j'aille ? Je suis chez moi ici.

NIKITA.

A la porte, je te dis, et tâche de ne pas rentrer !

ANICIA.

Je ne sortirai pas ! (Nikita la pousse, Anicia pleure et crie en se cramponnant à la porte.) Comment! On me chasse de ma maison! Qu'est-ce que tu fais, scélérat? Ah! tu crois tout pouvoir faire impunément!

NIKITA.

Allons ! Allons !

ANICIA.

J'irai chez le starosta, chez l'ouriadnick!

NIKITA.

A la porte, je te dis ! (Il la met dehors.)

ANICIA, derrière la porte.

Je m'étranglerai!

SCÈNE XI

NIKITA, AKOULINA, ANIOUTKA, AKIM.

NIKITA.

C'est bon!

ANIOUTKA, pleurant.

Oh! ma petite mère chérie!

NIKITA.

Elle croit me faire peur! Pourquoi pleures-tu? Ne crains rien, elle reviendra. Va voir si le samovar bout. (Anioutka sort.)

SCÈNE XII

NIKITA, AKIM, AKOULINA.

AKOULINA. (Elle ramasse les objets épars sur la table et les plie.)

Oh! la coquine! Elle en fait des histoires! Attends, je vais te couper ton caraco! Pour sûr, je te le couperai!

NIKITA.

Elle est à la porte. Qu'est-ce que tu veux de plus?

AKOULINA.

Elle m'a taché mon fichu neuf! La chienne! Vrai! Si elle n'était pas sortie, je l'aurais éborgnée!

NIKITA.

Ne te fâche pas! Pourquoi te fâcher?... Mais puisque je ne l'aime pas!

AKOULINA.

L'aimer! Est-ce qu'on peut aimer une tête carrée comme ça? Si tu l'avais lâchée une bonne fois, tout ça n'arriverait pas. Envoie-la donc au diable! De toutes façons, la maison est à moi et l'argent aussi. En voilà une maîtresse! Une maîtresse, elle, c'est un assassin! Voilà ce qu'elle est et elle en fera autant avec toi!

NIKITA.

Pas moyen de boucher la gueule des femmes! Tu bafouilles sans savoir ce que tu dis.

AKOULINA.

Si je le sais. Je ne veux pas vivre avec elle, je la chasserai ! Elle ne doit pas rester avec moi ! Elle, une maîtresse ! C'est pas une maîtresse, c'est une garce à forçats !

NIKITA.

Assez donc ! Tu n'as rien à partager avec elle. Regarde-moi ! C'est moi, le maître ! Je fais ce que je veux
Je ne l'aime plus, c'est toi que j'aime maintenant. J'aime
qui bon me semble. C'est ma volonté. Quant à elle, aux
arrêts ! Voilà le cas que je fais d'elle... (Il lève le pied en signe
de mépris.) Ah ! c'est dommage qu'il n'y ait pas d'accordéon. (Il chante.)

> Sur le four, y a de la galette
> Sur les marches, y a du gruau
> Et nous autres, nous vivrons
> Et nous rigolerons
> Et quand la mort viendra
> Nous mourrons !
> Sur le four, y a de la galette
> Sur les marches, y a du gruau.

SCÈNE XIII

Les Mêmes, MITRITCH (Il entre, ôte ses sabots et son
touloup et grimpe sur le poêle.)

MITRITCH.

Il paraît que les femmes se sont encore empoignées. Il
faut toujours qu'elles s'empoignent. O Dieu ! Nicolas le miséricordieux !

AKIM, sur le bord du poêle, prend ses bandelettes et ses laptis et se chausse.

Passe au fond, passe !

MITRITCH, en passant.

Elles n'arriveront jamais à s'accorder pour le partage. O Dieu !

NIKITA, à Akoulina.

Apporte la liqueur, nous en boirons avec le thé.

SCÈNE XIV

LES MÊMES, ANIOUTKA.

ANIOUTKA, entrant, à Akoulina.

Eh ! Le samovar va bouillir.

NIKITA.

Et la mère ? Où est-elle ?

ANIOUTKA.

Elle est dans le vestibule. Elle pleure.

NIKITA.

Ah!... Ah!... Appelle-la, dis-lui d'apporter le samovar. Toi, Akoulina, donne les tasses.

AKOULINA.

Les tasses ? c'est bien. (Elle prépare les tasses.)

NIKITA, il prend la liqueur, les biscuits et les harengs.

Ça c'est pour moi. Voilà du fil pour la femme. Le pétro-le est dans le vestibule, et l'argent, le voilà. Attends ! Il prend la machine à compter). Il faut voir ça... Farine de fro-

ment... quatre-vingts kopecks, huile de chanvre... au petit
père, dix roubles ! Petit père, viens prendre le thé !
Silence. Akim au bord du poêle attache ses bandelettes.)

SCÈNE XV

LES MÊMES, ANICIA.

ANICIA, apportant le samovar.

Où faut-il le poser ?

NIKITA.

Pose-le sur la table. Eh bien ? Es-tu allée voir le starosta ? C'est que voilà... faut réfléchir avant de parler. Assez de fâcheries. Assieds-toi, bois ! (Il lui verse un petit verre.)
Et voilà ton cadeau. (Il lui donne le paquet sur lequel il était assis.
Anicia hoche la tête et le prend sans dire mot.)

AKIM, descend du poêle et met son touloup il s'avance vers la table
et dépose le billet de dix roubles.

Voilà ton argent, reprends-le !

NIKITA, sans voir le billet.

Te voilà habillé ? Où vas-tu ?

AKIM.

Je m'en vais, moi... vois-tu... que Dieu vous garde !
(Il prend son chapeau et sa ceinture.)

NIKITA.

Voilà du nouveau ! Pourquoi t'en vas-tu comme ça, la
nuit ?

AKIM.

Je peux pas, vois-tu... ça... dans votre maison... je peux
pas vois-tu... y rester... je peux pas y rester... adieu !

NIKITA.

Pourquoi t'en vas-tu quand le thé est sur la table ?

AKIM, roulant sa ceinture autour de son corps.

Je m'en vais... parce que... vois-tu... ça ne va pas bien... chez toi... vois-tu, ça, on n'est pas bien, Nikita, dans ta maison, pas bien ! Tu vis mal, Nikita, mal ! Je m'en vais !

NIKITA.

Assez d'histoires ! Assieds-toi, prends du thé.

ANICIA.

Quoi donc, petit père ? Nous aurons honte devant le monde. Qu'est-ce qui t'a offensé ?

AKIM.

Personne ne m'a offensé, ça, personne ! Seulement, ça, je vois bien, vois-tu, que mon fils court à sa perte, mon fils.... il court à sa perte....

NIKITA.

Quelle perte ? Donne des preuves !

AKIM.

Ta perte, ta perte ! Tu es sur le chemin de ta perte ! Qu'est-ce que je t'ai dit, l'été passé ?

NIKITA.

Tu m'as parlé de pas mal de choses.

AKIM.

Je t'ai parlé, ça... de l'orpheline.. que tu avais offensée, de l'orpheline... Marina... Tu l'avais offensée...

NIKITA.

Oh ! il s'en souvient encore ! C'est passé, ça, avec les vieilles neiges ! Une affaire finie.

AKIM, s'échauffant.

Finie ! Non, mon ami, ce n'est pas fini... un péché en attire un autre... et tu es embourbé, Nikita. dans le péché ! Tu es embourbé, je le vois, dans le péché ! Tu es embourbé, enfoncé...

NIKITA.

Allons ! prends du thé... voilà toute l'histoire.

AKIM.

Je ne peux pas, vois-tu, ça... prendre du thé... parce que ton infamie... vois-tu, ça... me fait mal au cœur... ça me fait très mal au cœur. Je ne ne peux pas, ça... prendre du thé avec toi !

NIKITA.

Ah ! quel rabâchage ! Mets-toi donc à table !

AKIM.

Tu es pris dans ta richesse, comme dans des filets, comme dans des filets, vois-tu ! Ah ! Nikita, il faut avoir de la conscience !

NIKITA.

Quel plein pouvoir as-tu de venir me faire des reproches dans ma propre maison ? Pourquoi te cramponnes-tu ? Suis-je un gamin pour que tu me tires les oreilles ? On n'emploie plus ces moyens-là.

AKIM.

C'est vrai... j'ai entendu dire aussi ça... qu'aujourd'hui on tire les pères par la barbe... Mais c'est la perte de l'âme... la perte.

NIKITA, fâché.

Nous vivons sans avoir besoin de toi. C'est toi qui es venu nous demander du secours.

AKIM.

Ton argent ? Le voilà, ton argent... J'irai mendier vois tu, ça... mais je ne le prendrai pas !

NIKITA.

Assez, je t'en prie, pourquoi te fâches-tu ? (Il le retient par la main.) Tu troubles la société.

AKIM, poussant un cri de colère

Ah !.. iaisse !... Je ne resterai pas, je coucherai plutôt le long d'une borne... qu'au milieu de ta saleté ! Oh ! Que Dieu me pardonne ! (Il sort.)

SCÈNE XVI

NIKITA, AKOULINA, ANICIA, MITRITCH.

NIKITA.

Eh bien, en voilà !

SCÈNE XVII

LES MÊMES et AKIM.

AKIM, ouvrant la porte.

Reveille-toi, Nikita ! Il faut de la conscience ! (Il sort.)

SCÈNE XVIII

NIKITA, AKOULINA, ANICIA, MITRITCHT.

AKOULINA, prenant les tasses.

Eh bien ? Faut-il verser ? (Tous gardent le silence.)

MITRITCH, beuglant sur le poêle.

Ah ! Seigneur, aie pitié de moi, pécheur !
(Tous sursautent effrayés.)

NIKITA, retomdant sur le banc.

Oh ! Je m'ennuie, je m'ennuie ! Akoulina, où est l'accordéon ?

AKOULINA.

L'accordéon ? C'est maintenant que tu t'en souviens ?
Tu l'as donné à réparer. Je t'ai versé, bois !

NIKITA.

Je ne veux rien ! Eteignez les lumières ! Oh ! Que je
m'ennuie ! Oh ! Que je m'ennuie ! (Il pleure.)

Rideau.

ACTE QUATRIÈME

Soirée d'automne. — Clair de lune. — Intérieur de cour. — Au milieu un vestibule. A droite, l'izba d'hiver et une porte cochère. A gauche, l'izba d'été et une cave. On entend des voix avinées sortant de l'izba. — La voisine sort du vestibule avec la commère d'Anicia.

SCÈNE PREMIÈRE

LA COMMÈRE, LA VOISINE.

LA VOISINE.

Pourquoi donc Akoulina n'est-elle pas sortie ?

LA COMMÈRE.

Pourquoi ? Elle le voudrait qu'elle n'en aurait pas le loisir. Les parents du fiancé sont venus pour faire sa connaissance, mais elle, ma petite mère, elle est étendue dans l'izba d'été et elle ne montre pas même le bout de son nez, ma chère.

LA VOISINE.

Pourquoi ça ?

LA COMMÈRE.

On lui aura jeté un sort. Elle a des crampes dans le ventre.

LA VOISINE.

Est-ce possible ?

LA COMMÈRE.

Mais... (Elle lui chuchotte dans l'oreille.)

LA VOISINE.

Oh ! En voilà un péché ! Mais si les parents du fiancé l'apprennent ?

LA COMMÈRE.

Comment l'apprendraient-ils ? Ils sont tous ivres. Et puis, ce qu'ils cherchent surtout, c'est la dot ; ce n'est pas peu de chose qu'on donne à cette fille, ma petite mère : deux pelisses, six robes, un châle français, je ne sais plus combien de pièces de toile et de l'argent et, à ce qu'on dit, deux billets de cent...

LA VOISINE.

Dans de pareilles conditions, il n'y a pas grand plaisir à toucher l'argent. Quelle honte ! Chut ! C'est le père du fiancé ! (Elles se taisent et rentrent dans le vestibule.)

SCÈNE II

LE PÈRE DU FIANCÉ (Il sort du vestibule ; il a le hoquet.

LE PÈRE, seul.

Je suis cuit ! Quelle chaleur ! Il faut que je me rafraîchisse un peu ! (Il respire fortement.) Dieu sait ce qu'il y a ! Mais il y a quelque chose qui ne me va pas. Nous verrons ce que dira la vieille.

SCÈNE III

LE PÈRE, MATRIONA.

MATRIONA, sortant du vestibu'e.

Ah ! Moi qui cherchais partout le compère ! Te voilà,

mon cher. Eh bien ! Grâce à Dieu, tout va bien. Quand il s'agit de marier un enfant, ce n'est pas le momeut de faire du fla fla, et d'ailleurs ce n'est pas cansmon caractère, mais comme vous êtes venu avec de bonnes intentions j'espère qu'avec l'aide de Dieu, vous nous ei aurez une reconnaissance éternelle, car la fiancée, vois-tu est nnefille rare. Tu pourrais chercher dans tout l'arrondissement, tu n'en trouverais pas une pareille.

LE PÈRE.

Oui, certes, mais il faut tout de même prendre ses précautions pour l'argent.

MATRIONA.

Pour l'argent, tu peux être tranquille. Tout ce qui lui revient de ses parents ira avec elle. Par le temps qui court, ce n'est pas peu de chose que trois billets de cinquante.

LE PÈRE.

Nous ne disons pas le contraire. Un enfant est un enfant. Arrangez-ça pour le mieux.

MATRIONA.

Moi, compère, je te dis la vérité vraie. Sans moi, tu n'aurais jamais trouvé une fille pareille. Les Kormiline l'ont déjà demandée en mariage, mais je m'y suis opposée. Pour l'argent, je t'ai dit la vérité. Le défunt (que le bon Dieu le reçoive dans le royaume céleste !) se mourait, et il a ordonné à la veuve de prendre Nikita. Moi, par mon fils, je sais tout. Quant à l'argent, il a ordonné de le remettre à Akoulina. Un autre à sa place en aurait tiré son profit, mais Nikita, lui, rendra tout. Et quelle somme !

LE PÈRE.

Le monde prétend qu'on lui en avait laissé davantage. Ton Nikita est un garçon adroit.

MATRIONA.

Eh ! mon pigeon blanc, une tranche de pain dans la main du voisin paraît toujours p'us grosse. On lui donne ce qu'il y a. Laisse là tes calculs et termine l'affaire. Quelle fille ! Jolie comme un cœur !

LE PÈRE.

Je ne dis pas non, mais nous nous demandons, ma vieille et moi, pourquoi elle n'est pas sortie. Et si elle est infirme ?

MATRIONA.

Elle, infirme ? Mais tu n'en trouveras pas une autre comme elle dans tout l'arrondissement. Elle est ferme, dure comme de l'acier ! Tu la connais, voyons !—Quant au travail, tu peux être tranquille. Elle est un peu sourde, je ne dis pas, mais les meilleurs pommes ont un ver. Et si tu veux savoir pourquoi elle n'est pas sortie, c'est qu'on lui a jeté un sort, oui. Je connais même la main qui l'a fait. On savait qu'il y avait des fiançailles et on a jeté le sort. Ma's je suis maligne, et je sais un mot pour rompre le charme. Demain, elle sera debout. N'aie donc aucune crainte pour elle.

LE PÈRE.

Eh bien alors, c'est entendu.

MATRIONA.

Seulement, tu sais, ne va pas te dédire et ne m'oublie pas.

VOIX DE FEMME, dans le vestibule.

Il est temps de partir, Ivan.

LE PÈRE.

J'y vais ! (Ils sortent.)

SCÈNE IV

ANICIA, ANIOUTKA.

ANIOUTKA, sortant du vestibule et appellant Anicia du doigt.

Mère!

ANICIA.

Quoi ?

ANIOUTKA.

Viens ici, mère, pour qu'on ne nous entende pas. (Elle se dirige vers le hangar.)

ANICIA.

Eh bien? Où est Akoulina?

ANIOUTKA.

Elle est dans le hangar. Si tu la voyais, c'est terrible.— « Que je meure, qu'elle dit, je n'en peux plus! Je vais me mettre à crier, qu'elle dit, de toutes mes forces. « Que je meure!

ANICIA.

Elle attendra. Faut d'abord reconduire nos hôtes.

ANIOUTKA.

Oh! maman, comme elle souffre! Et puis elle est fâchée! — « Ils perdent leur temps à vouloir me vendre, car, moi, qu'elle dit, je ne veux pas me marier. Je vais mourir! » Oh! maman, pourvu qu'elle ne meure pas! J'en ai si peur.

ANICIA.

Ne crains rien, elle ne mourra pas! Ne va pas la voir, va t'en ! (Anicia et Anioutka sortent.)

SCÈNE V

MITRITCH, seul. (Il entre par la porte cochère et se met à ramasser le foin épars par terre.)

Oh ! Dieu ! saint Nicolas le miséricordieux ! Ce qu'ils ont avalé d'eau-de-vie ! Quelle odeur ils ont répandue ! Ça pue jusqu'ici... Mais non... je n'en veux pas, d'eau-de-vie ! Je n'en veux pas ! Voyez un peu le foin qu'ils ont éparpillé ! Un peu par ici, un peu par là, finalement cela fait une botte. Quelle odeur ! On dirait que j'ai un verre d'eau-de-vie sous le nez ! Ah ! qu'il aille au diable ! (Il baille.) Il est temps de se coucher. Je n'ai pas envie de rentrer dans la maison. L'odeur me monte dans le nez toute parfumée, la gueuse ! (On entend le roulement d'une voiture qui s'éloigne.) Les voilà partis ! Oh ! Dieu ! Nicolas le miséricordieux ! Ils cherchent tous à se fourrer dedans les uns les autres ! Des bêtises, tout ça !

SCÈNE VI

MITRITCH, NIKITA.

NIKITA, entrant.

Mitritch, va te coucher. Je ramasserai le foin.

MITRITCH.

Bien ! Alors, donnes-en aux brebis. Ils sont partis, hein ?

NIKITA.

Oui, mais ça ne va pas et je ne sais que faire.

6.

MITRITCH.

En voilà une affaire ! Qu'est-ce que cela fait ? Y a les Enfants-Trouvés ! On peut en perdre autant qu'on veut, ces maisons-là les ramassent toujours. Amène-leur en autant que tu voudras, ils ne te demanderont pas de compter ; on paye même la mère, si elle veut s'engager comme nourrice. Ah ! c'est bien simple aujourd'hui !

NIKITA.

Je t'en prie, Mitritch, s'il arrive quelque chose, ne bavarde pas trop.

MITRITCH.

Qu'est-ce que cela me fait ? Fais disparaître les traces comme tu l'entendras. Oh ! comme tu sens l'eau-de-vie ! Je rentre. (Il s'en va baillant.) Oh ! Seigneur.

SCÈNE VII

NIKITA, se tait longtemps. Il s'assied sur un traîneau.

En voilà des affaires !

SCÈNE VIII

NIKITA, ANICIA.

ANICIA, entrant.

Nikita, où es-tu donc ?

NIKITA.

Ici.

ANICIA.

Que fais-tu assis ? Nous n'avons pas de temps à perdre. Il faut l'emporter tout de suite.

NIKITA.

Qu'est-ce que nous allons donc faire?

ANICIA.

Je viens de le dire. Fais ce que je te commande!

NIKITA.

Il vaudrait mieux le mettre aux Enfants-Trouvés.

ANICIA.

Eh bien, porte-le, si tu veux. Tu es fort pour faire des saletés et quand il faut les réparer, il n'y a plus personne.

NIKITA.

Que faut-il donc faire?

ANICIA.

Je te l'ai dit. Va dans la cave. Creuse une fosse!

NIKITA.

Il n'y aurait pas moyen de s'arranger autrement?

ANICIA, le contrefaisant.

Autrement! Il paraît qu'il n'y pas moyen autrement. Tu aurais dû y penser plus tôt. Va où on t'envoie!

NIKITA.

Ah! quelle affaire! quelle affaire!

SCÈNE IX

LES MÊMES, ANIOUTKA.

Maman! La sœur t'appelle. Il paraît qu'elle a un bébé. Que je meure! je l'ai entendu crier.

ANICIA.

Qu'est-ce que tu inventes ? Que la paralysie te casse les os ! Ce sont des petits chats qui miaulent. Rentre et dors ! Autrement tu vas te faire corriger.

ANIOUTKA.

Maman chérie, vrai, je te jure !

ANICIA, levant la main.

Je vais te... que je ne te vois plus ici ! (Anioutka s'enfuit.)

ANICIA, à Nikita.

Va faire ce qu'on t'a dit, sinon prends garde à toi !
(Elle sort.)

SCÈNE X

NIKITA, seul ; il se tait longtemps.

NIKITA.

Oh ! quelle affaire ! Et ces femmes ! Malheur ! — « Tu aurais dû y penser plus tôt, qu'elle dit. » Est-ce que j'avais le temps d'y penser ? L'été passé, cette Anicia s'est mise à tourner autour de moi. Je ne suis pas un moine ! Quand le patron est mort, j'ai racheté ma faute, comme je devais. Je n'y étais pour rien. Est-ce que cela n'arrive pas tous les jours ?... Y a ensuite l'histoire des poudres... est-ce que c'est moi qui l'ai engagée à agir comme elle l'a fait ? Si je l'avais su alors, je l'aurais tuée, la chienne ! Pour sûr, je l'aurais tuée ! Elle m'a rendu complice de toutes ses saletés, la salope ! Ce qu'elle me dégoûte, depuis ce temps-là ! Quand la mère m'a raconté ça, je l'ai prise en dégoût, tellement que je ne peux plus la voir. Comment peut-on vivre avec elle ? Alors nos histoires ont com-

mencé. Puis la fille s'est mise à me courir après. Qu'est-ce
que cela pouvait me faire ? Si ça n'avait pas été moi, ça
aurait été un autre. Et voilà le résultat ! Et ce n'est toujours pas ma faute ! Oh ! ces affaires ! (Il reste un moment pensif.)
Et comme elles sont audacieuses, ces femmes ! Qu'est-ce
qu'elles n'ont pas imaginé ? Mais je ne m'y prêterai pas !

SCÈNE XI

NIKITA et MATRIONA. (Elle sor vivement avec une lanterne
et une pelle à main.)

MATRIONA.

Te voilà là comme une poule sur sa couvée ! Qu'est-ce
que ta femme t'a dit ? Prépare ton affaire !

NIKITA.

Qu'est-ce que vous allez faire

MATRIONA.

Cela nous regarde... Fais ce qui te concerne.

NIKITA.

Ah ! Vous m'entortillez !

MATRIONA.

Est-ce que tu voudrais reculer ? Dèsq u'il faut agir, tu
recules !

NIKITA.

Mais que'le affaire ! C'est un être humain.

MATRIONA.

Un joli être humain ! A peine s'il respire. Et puis, que
veux-tu qu'on en fasse. Essaie de le porter aux Enfants-

Trouvés, il mourra tout de même et le monde causera, on criera l'aventure aux quatre coins du village et la fille nous restera sur les bras.

NIKITA.

Mais comment le saura-t-on ?

MATRIONA.

Ne pas savoir arranger une pareille affaire dans sa propre maison ! Nous ferons tellement qu'il n'en restera pas ça ! Fais seulement ce que je te dis, puisque, nous autres femmes, nous ne pouvons pas le faire toutes seules. Prends la petite pelle, descends et travaille. Je t'éclairerai !

NIKITA.

Travailler à quoi ?

MATRIONA, à voix basse.

Creuse une petite fosse. Après, nous te l'apporterons et nous mettrons tout en ordre, là-bas. Tiens, voilà qu'on m'appelle ! Va donc, il faut que j'y coure.

NIKITA.

Mais.... est-il mort ?

MATRIONA.

Certainement. Mais il faut faire vite. Tout le monde n'est pas encore couché. On pourrait voir, entendre... Ces canailles-là veulent tout savoir. L'ouriadnick a passé ce soir. Alors, voilà ! (Elle lui donne la pelle.) Descends dans la cave... là, au coin, creuse une petite fosse.. le sol y est tendre... après, tu l'égaliseras bien. La terre n'ira pas causer... Va, mon chéri, va !

NIKITA.

Vous m'entortillez ! Ah ! laissez-moi ! Je vais m'en aller ! Faites toutes seules ce que vous voudrez.

SCÈNE XII

LES MÊMES et ANICIA.

ANICIA, entr'ouvrant la porte.

Eh bien ? L'a-t-il creusée ?

MATRIONA.

Pourquoi t'en es-tu allée ? Où l'as-tu fourré ?

ANICIA.

Je l'ai couvert d'une grosse toile. On ne l'entendra pas.
Eh bien ? A-t-il creusé la fosse ?

MATRIONA.

Il ne veut pas.

ANICIA, bondissant, furieuse.

Il ne veut pas? Il veut sans doute être mangé par la ver-
mine de la prison ? Je vais aller tout raconter à l'ouriadnick.
Ça m'est égal d'en finir une bonne fois, je vais tout raconter !

NIKITA, ahuri.

Que raconteras-tu ?

ANICIA.

Quoi ? Tout ! Qui a pris l'argent ? Toi. (Nikita garde le silence.)
Et le poison, qui l'a donné ? C'est moi, mais tu le savais
tu le savais, tu le savais ! Tu étais mon complice.

MATRIONA.

Assez donc ! Ne te rebiffe pas, Nikita. Que reste-t-il à
faire ? Se donner un peu de peine. Va mon chéri !

ANICIA.

En voilà un homme délicat ! Il ne veut pas ! Tu m'as assez maltraitée, ça suffit ! Tu as été le maître assez longtemps, à mon tour maintenant ! Va, je te dis... Autrement... Tiens, voilà la pelle ! Va !

NIKITA.

C'est pas la peine de tant crier ! (Il prend la pelle sans bouger.) Si je ne veux pas, je n'irai pas !

ANICIA.

Tu n'iras pas ! (Elle commence à crier.) A moi ! Eh !

MATRIONA, lui fermant la bouche.

Voyons ! Es-tu folle ? Il va y aller. Allons, va, mon petit fils, va, mon chéri !

ANICIA.

Sinon, j'appelle au secours !

NIKITA.

Assez donc ! Ah ! Quel monde ! Allons, faites vite ! Pour en finir tout de suite.

(Il va vers la cave.)

MATRIONA.

C'est comme ça, mon cher. Tu as su t'amuser, à toi d'effacer les traces.

ANICIA, toute émue.

Il s'est assez fichu de moi avec sa catin ! Comme ça, je ne serai pas seule, lui aussi sera un assassin ! Il saura ce que c'est !

MATRIONA.

Là ! là ! La voilà qui s'emballe ! Ne te fâche pas, ma fille, tout doux, tout doux ! Faisons pour le mieux. Va trouver Akoulina. Lui, il va se mettre au travail. (Nikita descend dans la cave. Elle le suit avec sa lanterne jusqu'à l'entrée de la cave.)

ANICIA.

Et c'est à lui-même que je ferai étrangler son abominable engeance ! (Très émue.) Je suis lasse de faire remuer les os de Piotr dans la tombe ! Qu'il sache aussi ce que c'est ! Je ne me ménagerai pas, je vous promets que je ne me ménagerai pas !

NIKITA, dans la cave.

Éclaire-moi donc.

MATRIONA, l'éclaire et à Anicia.

Il creuse ! Va, apporte-le !

ANICIA.

Reste avec lui. Autrement il serait capable de s'en aller, le lâche ! Moi, je vais l'apporter.

MATRIONA.

N'oublie pas de le baptiser ! Moi, je vais m'occuper ici. As-tu une croix ?

ANICIA.

J'en trouverai une, je sais comment cela se fait. (Elle s'en va.)

SCÈNE XIII

MATRIONA, seule, et NIKITA, dans la cave.

MATRIONA.

Oh ! comme elle s'est emportée ! C'est vrai qu'il y a de quoi se fâcher, mais, avec la grâce de Dieu, nous allons terminer cette affaire et en faire disparaître les traces. Il nous sera facile ensuite de nous débarrasser de la fille. Le petit pourra vivre tranquille. La maison, Dieu merci, est bien

7

fournie, ils ne m'oublieront pas. Qu'auraient-ils fait sans Matriona ? Ils n'auraient pas su se tirer d'affaire ! (Se penchant vers la cave.) Est-ce prêt, mon fils ?

NIKITA, sortant la tête de la cave.

Qu'est-ce que vous faites-donc ? Apportez-le. Qu'avez-vous à lambiner ? Quand on a commencé, il faut finir.

SCÈNE XIV

LES MÊMES, ANICIA. (Matriona và vers le vestibule à la rencontre d'Anicia, qui sort avec l'enfant enveloppé dans des langes.)

MATRIONA.

L'as-tu baptisé ?

ANICIA.

Je crois bien. J'ai eu de la peine à le lui enlever, elle ne voulait pas le lâcher. (Elle tend l'enfant à Nikita.)

NIKITA, refusant de le prendre.

Descends-le toi-même.

ANICIA.

Tiens ! prends, je te dis ! (Elle lui jette l'enfant.)

NIKITA, saisissant l'enfant.

Il vit ! Mère chérie, il remue ! Il vit ! Que ferai-je de lui ?

ANICIA, lui arrache l'enfant et le je te dans la cave.

Etrangle-le vite, il ne vivra plus ! (Elle pousse Nikita dans la cave.) C'est ton œuvre. Finis-le !

MATRIONA, s'asseyant sur la première marche.

Il a le cœur tendre ! Ça lui est difficile, au pauvret ! Il

n'y a rien à faire, c'est sa faute, aussi ! (Anicia se tient debout et regarde dans la cave. Matriona reste assise sur la marche, jette les yeux de temps en temps sur elle et fait ses réflexions.)

Ah ! comme il a peur ! Dam ! quoique ce soit dur, il n'y a pas moyen de faire autrement. Et quand on pense qu'il y a des gens qui voudraient tant avoir des enfants ! Et le bon Dieu ne leur en donne pas. Ils n'ont que des enfants mort-nés ! Voilà, par exemple, la femme du pope... D'autres fois, ils n'en faut pas, et ils naissent bien vivants. (Elle regarde dans la cave.) Il doit avoir fini. (A Anicia.) Eh bien ?

ANICIA, regardant dans la cave.

Il l'a mis sous une planche... Il s'est assis sur la planche... Je crois qu'il a fini.

MATRIONA.

Oh ! oh ! On voudrait bien ne pas pécher, mais comment faire autrement ?

NIKITA, sortant de la cave, tremblant de tout son corps.

Il vit toujours ! Je ne peux pas... il vit !

ANICIA.

S'il vit encore, où vas-tu ? (Elle veut l'arrêter.)

NIKITA, se jetant sur elle.

Va-t'en ou je te tue ! (Il la saisit par le bras, elle se dégage ; il la poursuit avec la pelle. Matriona se jette au devant de lui et l'arrête. Anicia se sauve sur le perron. Matriona veut arracher la pelle à Nikita.)

NIKITA, à sa mère.

Je te tuerai aussi, toi, va-t'en ! (Matriona se sauve sur le perron près d'Anicia. Nikita s'arrête.) Je vous tuerai, je vous tuerai tous !

MATRIONA.

C'est la peur qu'il a eue. Ce n'est rien. Ça lui passera.

NIKITA.

Qu'ont-elles donc fait ? Qu'ont-elles fait de moi ? Comme

il piaulait Et comme il craquait sous moi ! Qu'ont-elles
fait de moi ? Il vit ! Il vit toujours ! (Il prête l'oreille.) Il piaule,
v'la qu'il piaule ! (Il court vers la cave.)

MATRIONA, à Anicia.

Il y va... je pense qu'il va l'enterrer. Nikita, tu devrais
prendre la lanterne.

NIKITA, sans répondre et prêtant toujours l'oreille.

On n'entend pas... je l'ai rêvé ! (Il fait quelques pas et s'arrête
de nouveau.) Comme ses petits os craquaient ! kr... kr..
Qu'ont-elles fait de moi ? (Il prête l'oreille.) Il piaule encore !
Oui, il piaule ! mère ! oh ! mère ! (Il s'avance vers Matriona.)

MATRIONA.

Quoi donc, mon petit ?

NIKITA.

Mère chérie, je n'en peux plus ! Petite mère chérie, aie
pitié de moi !

MATRIONA.

Oh ! quelle peur tu as eue, chéri ! Va, va boire un peu
de vin pour te remettre !

NIKITA.

Oh ! petite mère chérie, c'est maintenant mon tour !
Qu'avez-vous fait de moi ? Comme ses petits os craquaient ! Et comme il s'est mis à piauler ! Mère, oh !
mère, qu'avez-vous fait de moi ? (Il s'assied sur le traîneau.)

MATRIONA.

Va, chéri, bois un coup ! C'est vrai, dans l'obscurité,
on se sent mal à l'aise, mais, attends qu'il fasse clair... un
jour passera... puis un autre, et tu n'y penseras plus.
Attends un peu, nous marierons la fille et ce sera une affaire
finie. Va donc boire un coup, va ! Je vais tout mettre en
ordre moi-même dans la cave.

NIKITA, se secouànt.

Le vin est là ? Je vais tâcher d'oublier en buvant ! (Il sort.
Anicia, toujours sur le perron, s'écarte pour le laisser passer, sans mot
dire.)

SCÈNE XV

MATRIONA et ANICIA.

MATRIONA.

Va, va, ma fraise ! Je vais me mettre à la besogne... je
vais descendre et l'enterrer. Où a-t-il donc jeté la pelle ?
(Elle ramasse la pelle et descend dans la cave où elle disparaît à moitié.)
Anicia, viens ici, éclaire moi !

ANICIA.

Et lui donc ?

MATRIONA.

Il est trop secoué par la peur... Tu l'as traité trop ru-
dement. Laisse-le, il reviendra à lui, que Dieu le garde !
Je ferai le reste toute seule. Pose ici la lanterne que je
voie clair. (Matriona disparaît dans la cave.)

ANICIA, se tournant vers la porte par où a disparu Nikita

Tu t'es amusé, eh bien ! c'est fini maintenant ! Tu faisais
le craneur, attends, tu vas savoir ce que c'est ! Tu en ra-
battras !

SCÈNE XVI

LES MÊMES et NIKITA.

NIKITA, bondissant vers la cave.

Petite mère, eh ! petite mère !

MATRIONA, *sortant la tête de la cave.*

Quoi, mon petit ?

NIKITA, *prêtant l'oreille.*

Ne l'enterre pas ! Il vit ! Ne l'entends-tu pas ? Il vit ! V'là qu'il piaule !… V'là… v'là… clairement !

MATRIONA.

Comment pourrait-il piauler, tu l'as aplati comme une galette. Tu as écrasé sa petite tête.

NIKITA.

Qu'est-ce donc ? (*Il se bouche les oreilles.*) Il piaule toujours. J'ai perdu ma vie ! Perdu ! Qu'ont-elles fait de moi ? Où m'enfuir ? (*Il se laisse tomber sur la marche de la cave.*)

Rideau.

VARIANTE

Au lieu des scènes XIII, XIV, XV, XVI du quatrième
acte, on peut lire la variante suivante.

———

DEUXIÈME TABLEAU

Intérieur du premier acte.

SCÈNE PREMIÈRE

ANIOUTKA, déshabillée, est couchée sur son lit dressé sur un banc.
Elle est recouverte d'un caftan. MITRITCH, est assis et fume.

MITRITCH.

Ce qu'ils ont empesté la chambre, les brigands ! Ils en
ont versé la moitié à côté... On a beau fumer... ça ne dé-
sinfecte pas ! C'est que ça vous monte au nez ! Ah ! mon
Dieu ! je crois qu'il sera mieux d'aller se coucher ! (Il s'avance
vers la lampe et veut l'éteindre.)

ANIOUTKA, se relève et s'assied.

Petit grand-père, n'éteins pas, je t'en prie !

MITRITCH.

Pourquoi pas ?

ANIOUTKA.

C'est qu'on vient de faire beaucoup de bruit dans la cour.

Entends-tu ? (Elle prête l'oreille.) Ils sont encore allés dans la grange.

MITRITCH.

Qu'est-ce que ça peut te faire ? On ne te demande rien. Couche-toi et dors. Moi, je vais éteindre la lampe. (Il baisse la lampe.)

ANIOUTKA.

Petit grand-père chéri, n'éteins pas tout à fait. Laisse m'en gros comme un œil de souris, puisque j'ai peur

MITRITCH, riant.

C'est bien, c'est bien ! (Il s'assied près d'elle.) Et pourquoi avoir peur ?

ANIOUTKA.

Dam ! petit grand-père ! Comme la sœur se débattait ! Elle se tapait la tête contre la huche. (Chuchotant.) C'est que moi, je le sais bien... C'est un petit bébé qui veut naître... Je crois même qu'il est déjà né.

MITRITCH.

Ah ! quelle petite sauterelle ! Que les grenouilles t'avalent. Tu veux tout savoir. Couche-toi et dors ! (Anioutka se couche.) Là, comme ça ! (Il la recouvre.) Comme ça ! Si tu veux tout savoir, tu seras bientôt devenue vieille.

ANIOUTKA.

Et toi, tu vas sur le poêle ?

MITRITCH.

Mais tu es joliment sotte, par exemple ! Elle veut tout savoir ! Où donc ? (Il arrange le caftan sur elle et se relève.) Comme ça ! Dors maintenant ! (Il se dirige vers le poêle.)

ANIOUTKA.

Il a poussé un cri... une fois... et maintenant on ne l'entend plus.

MITRITCH.

O Dieu! Nicolas le miséricordieux !... Qu'est-ce qu'on n'entend plus?

ANIOUTKA.

Le petit bébé.

MITRITCH.

Puisqu'il n'y en a pas, on ne peut pas l'entendre.

ANIOUTKA.

Mais je l'ai entendu, que je meure ! Je l'ai entendu! Une voix si fluette !

MITRITCH.

Oh ! qu'est-ce que tu as pu entendre ? Aurais-tu entendu par hasard l'histoire de la petite fille que Croquemitaine a fourré dans son sac et a emportée avec lui ?

ANIOUTKA.

Qui ça, Croquemitaine ?

MITRITCH.

Croquemitaine ! (Il grimpe sur le poêle.) Est-il bon le poêle aujourd'hui ! Bien chaud ! C'est un plaisir ! O Dieu ! Nicolas le miséricordieux !

ANIOUTKA.

Petit grand-père, est ce que tu vas t'endormir ?

MITRITCH.

Tu penses peut-être que je vais chanter. (Silence.)

ANIOUTKA.

Petit grand-père ! Petit grand-père ! Ils creusent ! Je te jure, ils creusent ! Entends-tu ? Que je meure ! Ils creusent !

MITRITCH.

Quelle idée elle a, cette enfant ! On creuserait la nuit ? Qui donc ? C'est la vache qui se frotte. Et tu dis : —

On creuse ! Dors je te dis ! Sinon je vais tout de suite éteindre la lumière.

ANIOUTKA.

Petit grand-père chéri, n'éteins pas ! Je ne le ferai plus. Je te jure que je ne le ferai plus. J'ai peur.

MITRITCH.

Peur ? Ne crains rien, alors tu n'auras pas peur ! Elle craint et alors elle dit qu'elle a peur. Comment veux-tu ne pas avoir peur quand tu crains tout ? (Silence. Un grillon chante.)

ANIOUTKA, chuchotant.

Petit grand-père, petit grand-père, tu dors?

MITRITCH.

Quoi encore ?

ANIOUTKA.

Quel Croquemitaine donc ?

MITRITCH.

Le même dont je t'ai parlé. Quand il voit une petite fille comme toi qui ne dort pas, il vient avec son sac et paf ! la petite fille au fond du sac... puis, il y plonge lui-même, la tête la première, et il se met à la fouetter.

ANIOUTKA.

Mais avec quoi donc fouette-t-il?

MITRITCH.

Il prend un balai.

ANIOUTKA.

Mais il ne voit pas clair, dans le sac.

MITRITCH.

Ne crains rien. Il verra bien.

ANIOUTKA.

Moi, je le mordrai.

MITRITCH.

Non, ma belle, tu le ne mordras pas.

ANIOUTKA.

Petit grand-père, quelqu'un vient. Qui est-ce? Ah!mon Dieu, qui est-ce?

MITRITCH.

Si on vient, laisse venir. Qu'est-ce que tu as? C'est ta mère, je crois, qui vient.

SCÈNE II

LES MÊMES, ANICIA.

ANICIA, entrant.

Anioutka! (Anioutka feint de dormir.) Mitritch!

MITRITCH.

Quoi ?

ANICIA.

Pourquoi laissez-vous brûler la lumière?Nous nous coucherons dans l'izba d'été.

MITRITCH.

Je viens de me coucher tout à l'heure. Je vais l'éteindre.

ANICIA, cherchant dans le bahut et grommelant.

Quand on a besoin de quelque chose, on ne trouve jamais rien.

MITRITCH.

Qu'est-ce que tu cherches ?

ANICIA.

Je cherche la croix. Il faut le baptiser. Si par malheur il mourait sans baptême, ce serait un péché.

MITRITCH.

Certainement. Il faut agir selon l'usage. Eh bien? L'as-tu trouvée?

ANICIA.

Oui, je l'ai trouvée. (Elle sort.)

SCÈNE III

ANIOUTKA et MITRITCH.

MITRITCH.

C'est bon! Sans cela, j'aurais donné la mienne. Oh! mon Dieu !

ANIOUTKA, sursautant toute tremblante.

Oh! petit grand-père! Ne t'endors pas, au nom du Christ! J'ai peur!

MITRITCH.

Pourquoi donc as-tu peur ?

ANIOUTKA.

Je crois que le petit bébé va mourir. Chez la tante Arina aussi, c'est une sage-femme qui a baptisé le bébé et il est mort.

MITRITCH.

S'il meurt, on l'enterrera.

ANIOUTKA.

C'est que peut-être il ne mourrait pas, mais la sage-

emme Matriona est là. Puisque moi, j'ai entendu ce que
a sage-femme disait, que je meure ! j'ai entendu !

MITRITCH.

Qu'est-ce que tu as entendu ? Dors, je te dis ! Fourre
a tête sous le caftan, voilà tout.

ANIOUTKA.

S'il vivait, je le soignerais bien.

MITRITCH, grognant.

Oh ! Mon Dieu !

ANIOUTKA.

Mais qu'est-ce qu'ils en feront ?

MITRITCH.

Ils feront ce qu'il faut. Ça ne te regarde pas. Dors, je
te dis, ta mère va venir et elle va t'arranger ! (Silence.)

ANIOUTKA.

Petit grand-père, tu as dit cependant que l'autre petite
fille... on ne l'a pas tuée?

MITRITCH.

L'autre? L'autre petite fille est devenue bien sage.

ANIOUTKA.

Comment as-tu dit, petit grand père, qu'on l'avait trouvée ?

MITRITCH.

On l'a trouvée comme je te l'ai dit.

ANIOUTKA.

Mais où l'a -t-on trouvée, dis ?

MITRITCH.

On l'a trouvée dans leur maison. On est venu au village,
les soldats ont commencé à fouiller partout. Tout d'un
coup, on aperçoit cette petite fille étendue sur le ventre.

On voulait l'achever, mais ça m'a tellement ennuyé que je l'ai prise dans mes bras... c'est qu'elle ne se laissait pas prendre ! Elle s'est faite si lourde qu'on aurait dit qu'elle pesait cinq pounds ; e le s'accrochait partout où elle pouvait... impossible de la faire lâcher! Alors, je l'ai saisie, je lui ai passé la main sur la tête. Elle était hérissée comme un porc épic. Et comme ça, peu à peu, elle a fini par se calmer. J'ai trempé un biscuit dans l'eau, je lui ai passé. Elle comprit et se mit à grignoter. Qu'est-ce qu'il y avait à faire ? Nous l'avons gardée, nous l'avons emportée.... et nous l'avons nourrie bien comme il faut. Elle a fini par s'habituer, nous l'emmenions en campagne et elle marchait avec nous. C'était ça une gentille fillette !

ANIOUTKA.

Elle n'était pas baptisée ?

MITRITCH.

Qui sait ? On disait qu'elle ne l'avait pas été parfaitement. Ce peuple-là n'est pas comme le nôtre.

ANIOUTKA.

Sont-ils Allemands ?

MITRITCHT.

Qu'est-ce que tu dis là ? Pour Allemands, non, ils n'étaient pas Allemands. C'était des Asiatiques ! Ils sont comme les Juifs, et pas Juifs cependant. Ils étaient Polonais, mais Asiatiques, Kroudlis.... Krouglis, je crois, ils s'appellent... A vrai dire, j'ai oublié, mais la petite fille nous l'avions nommée Sachka. Sachka... elle était vraiment très bonne. Comme c'est drôle, j'ai tout oublié, mais cette polissonne-là, c'est comme si je l'avais devant les yeux ! De tout le temps que j'ai servi, je ne me souviens que de ça ! Je me souviens des coups de fouet que j'ai reçus.... et aussi de cette fillette-là. Elle se cramponnait à votre cou et on la portait comme ça, sans rien dire. Ah ! c'est que c'était une fillette comme on n'en trouve pas! Après

nous l'avons donnée.... c'est la femme du capitaine qui
l'a adoptée. Elle a fini par devenir bonne à quelque chose
comme les soldats le répétaient !

ANIOUTKA.

Et voilà, petit grand-père, c'est comme quand papa se
mourait. Tu n'étais pas encore chez nous, alors. Il appela
Nikita et il lui dit : — Pardonne-moi, Nikita, qu'il dit... Et il
se mit à pleurer... (Elle soupire.) Ça aussi, c'était très touchant.

MITRITCH.

Je crois bien !

ANIOUTKA.

Eh ! petit grand-père, voilà qu'on fait encore du bruit
dans la cave ! Ah ! mon Dieu ! mon Dieu ! Petit grand-
père, ils vont lui faire du mal !.. Ils vont le faire mourir.
C'est qu'il est si petit ! Eh ! (Elle se couvre la tête et pleure.)

MITRITCH, prêtant l'oreille.

Il paraît vraiment qu'ils font des saletés, là-bas ! Sa-
pristi ! sont-elles méchantes, ces femmes ! Il n'y a pas
lieu de vanter les hommes, mais les femmes... Celles-là,
de vraies bêtes fauves ! Elles ne craignent rien !

ANIOUTKA, se levant.

Petit grand-père ! Eh ! petit grand-père !

MITRITCH.

Voyons, qu'est-ce qu'il y a encore ?

ANIOUTKA.

Dernièrement un piéton qui couchait ici, disait : — Si
un bébé meurt, son âme monte tout droit au ciel. Est-ce
que c'est vrai, ça ?

MITRITCH.

Qui sait ? Peut-être bien que oui. Mais pourquoi cette
question ?

ANIOUTKA.

Si par exemple, je mourais ?... (Elle pleure.)

MITRITCH.

Si tu meurs, on te rayera des cadres.

ANIOUTKA.

Jusqu'à dix ans, on est toujours bébé. Peut-être bien que l'âme montera encore vers Dieu. Plus tard, on devient vilain.

MITRITCH.

Ce qu'on devient vilain, ah pour sûr ! Comment veux-tu que vous autres femmes, vous ne deveniez pas vilaines? Qui vous enseigne? Que vois-tu, qu'entends-tu autour de toi ? Rien que des abominations. Moi, je n'ai pas beaucoup appris, mais je sais quelque chose. Mais toujours pas comme les femmes du village. Qu'est-ce que c'est qu'une femme du village? Rien du tout. Y en a, comme vous autres, des millions en Russie et toutes, aveugles comme des taupes! Vous ne savez rien. Vous savez les sortilèges qui guérissent les vaches, vous savez porter les enfants malades dans les nids de poules, aussi pour les guérir...Ça, oui, vous le savez.

ANIOUTKA.

C'est vrai, maman l'a fait.

MITRITCH.

Tu vois. Il y en a des millions comme vous autres, des femmes et des filles et toutes, comme des bêtes fauves. Elles meurent comme elles naissent.... Elles n'ont rien vu, rien entendu. Le paysan, lui, il a l'occasion d'apprendre, au cabaret, en prison quelquefois, ou bien au service, comme moi. Mais la femme, quoi ? Non seulement elle ne sait pas bien ce que c'est que Dieu, elle ne sait pas même ce que c'est que Vendredi.... Vendredi.... Vendredi.... tout le monde dit Vendredi.... Demande-lui ce que c'est que Vendredi ? Elle ne saura pas répondre. C'est comme une portée de petits chiens aveugles, qui se traînent et se fourrent le nez dans le fumier. Elles ne savent que leurs chansons stupides.... oh! oh ! oh! o, o, o. (Se fâchant.) Eh bien, quoi, o, o, o ? Elles ne le savent pas elles-mêmes.

ANIOUTKA.

Et moi, petit grand-père, je sais les patenôtres jusqu'à la m itié.

MITRITCH.

Tu sais grand chose, toi ! On ne peut rien exiger de vous. Qui vous enseigne ? Quelquefois seulement un moujik ivre vous fait une conférence à coup de rênes. Voilà tout pour l'enseignement. Je ne sais qui répondra de vous ; pour les recrues, ce sont les sous-officiers qui sont responsables, mais pour vous autres femmes... il n'y a personne. C'est comme un bétail sans berger. Il devient sauvage. Les femmes! C'est la classe sociale la plus bête. Il n'y a rien dedans... dans votre classe sociale !

ANIOUTKA.

Alors, que faut-il faire ?

MITRITCH.

Fais ce que je te dis. Fourre ta tê e sous le caftan et dors. Ah Dieu !

(Silence. — Le grill n chante.)

ANIOUTKA, sursautant.

Petit grand-père, il y a quelqu'un qui crie ! Il arrive quelque chose. Je te jure, vrai, on crie ! Petit grand-père chéri, on vient ici !

MITRITCH.

Je t'ai dit de fourrer ta tête sous le caftan.

SCÈNE IV

Les Mêmes, NIKITA et MATRIONA.

NIKITA, entrant.

Qu'ont-elles fait de moi ? Qu'ont-elles fait de moi ?

MATRIONA.

Prends, prends du vin, ma fraise ! Qu'as-tu donc ?
Elle prend le vin et le dépose sur la table.

NIKITA.

Donne ! Que je noie tout ça...

MATRIONA.

Doucement. On ne dort pas. Tiens, bois !

NIKITA.

Quoi donc ? Pourquoi avez-vous imaginé tout cela ? Il fallait l'emporter !

MATRIONA, chuchotant.

Reste, reste ici, bois encore ou bien fume. Ça changera les idées.

NIKITA.

Mère, petite mère chérie, le malheur est venu jusqu'à moi ! Quand il s'est mis à piauler, quand ses petits os ont commencé à craquer... kr... kr... j'ai cessé d'être homme !

MATRIONA.

Oh ! qu'est-ce que tu dis ? Des bêtises ! C'est vrai, la nuit, on se sent mal à l'aise, mais quand il fera jour...

un jour viendra, puis un autre... et tu cesseras d'y penser ! (Elle s'approche de Nikita et lui met sa main sur l'épaule.)

NIKITA.

Va t'en ! Qu'avez-vous fait de moi ?

MATRIONA.

Mais qu'as-tu donc, mon fils, voyons ? (Elle lui prend la
main.)

NIKITA.

Va t'en, ou je te tue ! Maintenant tout m'est égal ! Je te
tue !

MATRIONA.

Ah ! ah ! Comme tu es secoué par la peur ! Va donc te
coucher !

NIKITA.

Je ne puis aller nulle part... je suis perdu !

MATRIONA, hochant la tête.

Il faut aller finir... Lui, il se calmera, ça lui passera !
(Elle sort.)

SCÈNE V

NIKITA, MITRITCH et ANIOUTKA.

NIKITA, assis, la tête dans ses mains, tandis que Mitritch et Anioutka
gardent le silence, sans bouger.

Il piaule ! oh oui ! il piaule, là... là... on l'entend... clairement !..Elle va l'enterrer... pour sûr, elle va l'enterrer...
(Il court vers la porte.) Petite mère, ne l'enterre pas, il vit !

SCÈNE VI

LES MÊMES, MATRIONA.

MATRIONA, rentrant et tout bas.

Au nom du Christ! Que fais-tu? Qu'as-tu imaginé? Comment pourrait-il être vivant? Tu lui as broyé les os.

NIKITA.

Donne encore du vin! (Il boit.)

MATRIONA.

Allons, mon fils, tu dormiras maintenant. Ce n'est rien.

NIKITA, toujours debout, l'oreille tendue.

Il vit toujours!... Voilà... il piaule!... Est-ce que tu n'entends pas? Voilà...

MATRIONA, à voix basse.

Mais non!

NIKITA.

Oh! petite mère chérie, j'ai perdu ma vie! Qu'avez vous fait de moi? Où irai-je? (Il sort en courant. Matriona le suit.)

SCÈNE VII

MITRITCH et ANIOUTKA.

ANIOUTKA.

Petit grand-père chéri, ils l'ont étranglé!

MITRITCH, fâché.

Dors, je te dis! Ah! que les grenouilles t'avalent! Sinon je vais prendre le balai. Dors, je te dis !

ANIOUTKA.

Petit grand-père, mon bon! on m'attrappe par le épaules! On m'attrappe... avec les pattes ... petit grand-père chéri... que je meure! Je m'en vais... Petit grand-père, laisse-moi me mettre sur le poêle, je t'en supplie, au nom du Christ! On m'attrappe... on m'attrappe! ah ! (Elle court vers le poêle.)

MITRITCH.

Ont-elles fait peur à la fillette! Oh ! les salopes! que les grenouilles les avalent ! Eh! passe !

ANIOUTKA, grimpant sur le poêle.

Mais ne t'en va pas !

MITRITCH.

Pour aller où? Viens, viens ! O Dieu, saint Nicolas, Sainte Vierge de Kazan !. . Comme elles ont effrayé la petite. (Il la couvre.) Oh! la sotte! une vraie sotte. Elles lui ont bien fait peur, ces salop.s-là !

R'deau.

FIN DE LA VARIANTE.

ACTE CINQUIÈME

—

PREMIER TABLEAU

Une Cour. Au premier plan, une meule ; à gauche, une aire ; à droite
une grange. Les portes de la grange sont ouvertes et encombrées de
paille. Au fond une cour. On entend des chants et des grelots. Deux
filles suivent un sentier qui longe la grange, allant à l'izba.

SCÈNE PREMIÈRE

DEUX FILLES et MITRITCH, endormi sur la paille.

PREMIÈRE FILLE.

Tu vois que nous avons bien fait de passer par ici. Nos
bottines ne sont pas même crottées, tandis que par le vil-
age... quelle boue ! (Elles s'arrêtent et s'essuient les pieds avec de la
paille. La première fille regarde au fond et aperçoit quelque chose.) Tiens !
Qu'est-ce que c'est donc ?

DEUXIÈME FILLE, regardant.

C'est Mitritch, leur ouvrier. Comme il est plein !

PREMIÈRE FILLE.

Mais je croyais qu'il ne buvait pas.

DEUXIÈME FILLE.

Oui, tant qu'on ne lui met pas le gobelet sous le nez.

PREMIÈRE FILLE.

Regarde ! Il est venu pour chercher de la paille, il a encore sa corde à la main et il s'est endormi !

DEUXIÈME FILLE, prêtant l'oreille.

Ils chantent encore les compliments de noce, il faut croire qu'on ne les a pas encore bénis. On dit qu'Akoulina n'a pas même pleuré.

PREMIÈRE FILLE.

Maman dit qu'elle ne se marie pas de bon gré. Son beau-père l'a menacée, sans quoi jamais elle n'aurait consenti. Tu sais bien ce qu'on disait d'elle

SCÈNE II

Les Mêmes, MARINA, rejoignant les jeunes filles.

MARINA.

Bonjour, mes filles.

LES DEUX FILLES.

Bonjour, tante.

MARINA.

Vous allez à la noce, mes chères ?

PREMIÈRE FILLE.

Elle est finie. Nous ne venons que pour regarder.

MARINA.

Appelez-moi mon vieux, Semion de Zouievo. Vous le connaissez, je pense ?

PREMIÈRE FILLE.

Comment donc ! Je crois même qu'il est parent du fiancé.

MARINA.

Oui, le fiancé est le neveu de mon vieux.

DEUXIÈME FILLE.

Pourquoi n'y vas-tu pas toi-même ? Ne pas aller à une noce ?...

MARINA.

Je n'en ai pas envie, ma fille, et pas le temps non plus. Il 'aut partir. Nous ne sommes pas venus ici pour la noce, 1ous allons à la ville pour vendre de l'avoine. Nous nous 3ommes arrêtés pour faire manger les chevaux et ils ont 1ppelé mon vieux.

PREMIÈRE FILLE.

Où vous êtes vous arrêtés ? Chez Fedoritch ?

MARINA.

Oui, chez lui. Je vais attendre ici, toi, appelle-donc mon vieux. Fais le sortir, mon amie, dis-lui : — Ta femme Marina veut que tu viennes ; on attelle les chevaux.

PREMIÈRE FILLE.

C'est bien, puisque tu ne veux pas y aller. (Les filles suivent e sentier. On entend des chants et des grelots.)

SCÈNE III

MARINA, seule.

MARINA, pensive.

Y aller, pourquoi pas ? Mais je n'en ai pas envie. Je ne ai plus revu depuis le jour où il m'a reniée. Il y a un an déjà. Je voudrais cependant savoir comment il vit avec son Anicia. Le monde prétend qu'il n'y a pas d'accord entre eux.

C'est une femme brutale, et grincheuse. Il a dû se souvenir de moi plus d'une fois ; il convoitait cette vie aisée et
il m'a lâchée pour l'autre. Que le bon Dieu le garde ! Je
n'ai pas de rancune, mais comme ça m'a fait de la peine !
Maintenant, c'est bien calmé, j'ai tout oublié. Je voudrais
pourtant bien le voir ! (Elle regarde du côté de la cour et aperçoit
Nikita.) Oh ! Pourquoi vient-il donc ? Est-ce que les filles lui
auraient dit par hasard ?... Il quitte ses invités comme
ça !... Il faut que je m'en aille.

SCÈNE IV

MARINA, NIKITA. Il entre la tête baissée et grommelant entre
ses dents.

MARINA.

Oh ! comme il est sombre !

NIKITA, reconnaissant Marina.

Marina, chère amie, ma petite Marina, que fais-tu ici ?

MARINA.

Je viens chercher le vieux.

NIKITA.

Pourquoi n'es-tu pas venue à la noce ? Tu aurais regardé
et tu aurais pu te moquer de moi.

MARINA.

Pourquoi m'en serais-je moquée ? Je viens chercher mon
mari.

NIKITA.

Ah ! ma petite Marina ! (Il veut l'embrasser.)

MARINA, reculant d'un air fâché.

Pas de ces manières-à, Nikita! Ce qui est passé est passé. Je viens chercher mon mari. Est-il chez vous?

NIKITA.

Alors, il ne faut plus se rappeler le passé? Tu ne le **veux** pas?

MARINA.

Il n'y a pas à se le rappeler. Ce qui est passé est passé.

NIKITA.

Et on ne peut plus le faire revenir?

MARINA.

Non, on ne peut pas. Pourquoi es-tu sorti? En voilà un maître de maison qui quitte sa noce.

NIKITA, s'asseyant sur la paille.

Pourquoi je suis sorti? Ah! si tu savais! Je suis triste, Marina! Oh! que je suis triste! Je voudrais ne plus rien voir. Je me suis levé de table et je suis parti pour ne voir personne.

MARINA, s'approchant de lui.

Qu'est-ce que tu as donc?

NIKITA.

Ce que j'ai!... Que je mange, que je boive, que je dorme, je ne saurais jamais l'oublier. Ah! que je suis malheureux! Comme je suis malheureux! Et malheureux surtout, ma chère Marina, parce que je suis seul et que je n'ai personne pour partager ma peine.

MARINA.

On ne peut pas passer sa vie, Nikita, sans avoir de peines. J'ai bien pleuré, moi, et ça a fini par passer.

' NIKITA.

Tu parles de la vieille histoire... de ce qui est passé.
Ah mon amie, tu as noyé ton chagrin dans les larmes,
tandis que, moi, la douleur m'étouffe !

MARINA.

Qu'est-ce que tu as donc ?

NIKITA.

J'ai que la vie me dégoûte, que je me dégoûte moi-même !
Oh ! Marina, tu n'as pas pu me retenir, tu m'as perdu et tu
t'es perdue en même temps ! Est-ce une vie, ça ?

MARINA, appuyée au hangar et cherchant à contenir ses sanglots.

Moi, je ne me plains pas de ma vie, Nikita. J'en souhaiterais
autant à tout le monde. Je ne me plains pas. J'ai tout dit
dans le temps à mon vieux, il m'a pardonnée. Il ne me re-
proche rien. Je ne suis pas mécontente de mon sort, le
vieux est doux. Il est bon pour moi. J'habille, je lave ses
enfants et il m'en sait gré. Pourquoi me plaindrais-je ?
C'est Dieu qui l'a voulu ainsi. Et ta vie ? Tu es riche...

NIKITA.

Ma vie ? Je ne veux pas troubler la noce, autrement je
prendrais une corde, celle-là, (Il ramasse une corde sur la paille.), je
la jetterais sur cette poutre, puis je ferais soigneusement
un joli nœud coulant, je grimperais sur la traverse et je
me ficherais la corde au cou. Voilà ce que c'est que ma
vie !

MARINA.

Voyons ! Que Dieu te garde !

NIKITA.

Tu crois que je plaisante, tu crois que je suis ivre. Je ne suis
pas ivre, le vin ne me soûle plus, maintenant ! Le chagrin,
le chagrin m'a dévoré ! Et si bien dévoré que rien ne m'in-
téresse plus ! Ah ! Marina, je n'ai eu de bon temps qu'avec

toi! Te rappelles-tu nos nuits quand j'étais au chemin de fer?

MARINA.

Ne ravive pas une ancienne blessure. J'ai accepté la loi et toi aussi. Mon péché est pardonné. Ne fais pas revivre le passé.

NIKITA.

Mais, que ferai-je de mon cœur? Où irai-je?

MARINA.

Ce que tu feras? Tu as une femme, ne convoite pas celles des autres. Garde bien la tienne. Tu aimais Anicia, eh bien aime-la!

NIKITA.

Oh! cette Anicia! Je la déteste comme une herbe empoisonnée! Elle m'a saisi aux jambes comme la grande plante des eaux!

MARINA.

C'est toujours ta femme... D'ailleurs il est inutile de continuer, va retrouver tes hôtes et envoie-moi mon mari.

NIKITA.

Ah! si tu savais tout!... Mais à quoi bon?

SCÈNE V

NIKITA, MARINA, SON MARI et ANIOUTKA.

LE MARI DE MARINA, sortant de l'izba, ivre et très rouge.

Marina! Ohé! Ohé! ma femme, la vieille! Où es-tu donc?

NIKITA.

Voilà ton mari qui t'appelle. Vas-y!

MARINA.

Et toi ?

NIKITA.

Moi, je reste ici ! (Il se couche sur la paille.)

LE MARI DE MARINA.

Où est-elle donc ?

ANIOUTKA.

La voilà, petit oncle, près de la grange.

LE MARI DE MARINA.

Que fais-tu donc là ? Viens à la noce. Les maîtres te prient de leur faire honneur. Tout à l'heure la noce va partir, nous partirons aussi.

MARINA, allant au-devant de son mari.

Je n'ai pas envie.

LE MARI DE MARINA.

Viens, je te dis, tu prendras un petit verre et tu complimenteras ce poïsson de Petrounka ! Les maîtres seraient froissés, nous avons bien assez le temps ! (Il l'embrasse et sort avec elle en chancelant.)

SCÈNE VI

NIKITA, ANIOUTKA.

NIKITA, se mettant sur son séant.

Maintenant que je l'ai revue, je suis encore plus triste ! Je n'ai vraiment eu de bonheur qu'avec elle. Et pour rien, pour rien du tout, je me suis perdu, j'ai brisé ma vie ! (Il se recouche. Où irai-je ? Ah ! si la terre pouvait s'ouvrir sous moi !

8.

ANIOUTKA, voyant Nikita et accourant vers lui.

Père, petit père ! on te cherche. Tout le monde, même le parrain les a déjà bénis, oui, que je meure, on les a bénis! On se fâche.

NIKITA, à part.

Où irai-je?

ANIOUTKA.

Quoi? Qu'est-ce que tu dis?

NIK TA.

Je ne dis rien. Que me veux-tu ?

ANIOUTKA.

Petit père, allons donc ! (Nikita se tait. An'outka le , tire par la main.) Petit père, va donc bénir. Vrai, on se fâche ! Ils jurent !

NIKITA, retirant sa main.

Laisse !

ANIOUTKA.

Voyons !

NIKITA, la menaçant avec des rênes de chevaux.

Va-t'en ! je te dis ! ou je vais te ficher....

ANIOUTKA.

'e vais envoyer petite mère, alors ! (Elle s'enfuit.)

SCÈNE VII

NIKITA   seul, se levant.

Comment irai-je ? Comment pourrai-je prendre la sainte image ? Comment pourrai-je la regarder en face! (Il se recouche.) Oh! si un abîme pouvait s'ouvrir devant moi, je m'y jetterais... Personne ne me verrait plus, et moi,

je ne verrais plus personne ! (Il se soulève de nouveau.) Oh! non,
je n'irai pas ! Qu'ils aillent au diable, je n'irai pas ! (Il ôte
ses bottes et prend la corde. Il y fait un nœud coulant et se la passe au cou.)
Ce sera comme ça.

SCÈNE VIII

NIKITA, MATRIONA.

(Nikita voyant sa mère, enlève la corde de son cou et se recouche.)

MATRIONA, essoufflée.

Nikita ! Eh ! Nikita ! Il ne répond pas ? Nikita, est-ce
que tu serais déjà saoû ? Va donc, mon petit Nikita, va,
ma fraise, tout le monde t'attend.

NIKITA.

Ah ! qu'avez-vous fait de moi ? Je ne suis plus un
homme.

MATRIONA.

Qu'as-tu? Voyons, mon ami, va donner bien convenablement la bénédiction et tu t'en iras. Le monde t'attend.

NIKITA.

Comment pourrais-je la bénir ?

MATRIONA.

Bien simplement Est-ce que tu ne sais pas comment
cela se fait ?

NIKITA.

Je sais, je sais ! Mais comment bénir après ce que j'ai
fait d'elle.

MATRIONA.

Ce que tu as fait ? La vieille histoire ! Personne ne le

sait. Pas un chat ne s'en doute. Et la fille se marie de son plein gré.

NIKITA.

Oui, mais comment se marie-t-elle ?

MATRIONA.

Certainement, on l'a bien un peu forcée, mais elle y a été tout de même. Que veux-tu qu'on fasse. Il fallait qu'elle y pense plus tôt. Maintenant, il n'y a plus à reculer. Quant aux parents, on ne les a pas mis dedans, ils ont vu la fille deux fois et puis d'ailleurs, elle a le sac. Tout est donc bien arrangé.

NIKITA

Et la cave, tu n'y penses pas.

MATRIONA.

La cave ? Ce qu'il y a dans la cave ? Des choux, des pommes de terre, des champignons. Pourquoi rappeler le passé ?

NIKITA.

Je voudrais bien ne pas m'en souvenir, je ne peux pas, Aussitôt que j'y pense, je l'entends, je l'entends toujours ! Oh ! qu'avez-vous fait de moi ?

MATRIONA.

Voyons, ne fais pas de manières.

NIKITA, se retourne et cache son visage dans ses mains.

Oh ! merci, ne me tourmente pas ! J'en ai jusque-là !

MATRIONA.

Il le faut cependant. Le monde bavarde déjà assez ! Et voilà que le père s'en va, ne veut pas revenir ! Il n'ose pas donner sa bénédiction ! Ça va donner tout de suite à réfléchir. Dès qu'on verra que tu as peur, on commencera à deviner. Marche la tête haute et tout le monde s'inclinera. En fuyant le loup, tu risques de rencontrer un ours. Ne

donne prise à personne. N'aie pas peur, mon gaillard !
autrement ce serait pire.

NIKITA.

Ah ! Vous m'avez bien entortillé.

MATRIONA.

Assez donc ? Allons ! Vas-y, donne ta bénédiction, bien
comme il faut, bien convenablement et ce sera fini.

NIKITA, toujours dans la même position.

Je ne peux pas.

MATRIONA, à part.

Qu'a-t-il donc ? Jusqu'ici il paraissait oublier et voilà que
cela lui revient. Il doit être ensorcelé. (Haut.) Nikita ! lève-
toi ! Regarde, voilà Anicia qui vient. Elle a quitté ses hôtes.

SCÈNE IX

NIKITA, MATRIONA, ANICIA.

ANICIA, endimanchée, toute rouge et un peu grise.

Tout se passe très bien, mère... très bien... très bien...
très honnêtement. Et comme le monde est content ! Et lui,
où est-il ?

MATRIONA.

Il est ici, ma fraise, ici. Il est couché sur la paille et il ne
veut pas s'en aller.

NIKITA, regardant sa femme.

Voilà ! Elle aussi, elle est ivre ! Je la regarde et le cœur
me lève. Est-ce qu'on peut vivre avec elle ? (Il se recouche sur
le ventre.) Je la tuerai un jour ! Ce sera pire !

ANICIA.

Ah ! le voilà caché dans la paille ! (Elle rit.) Est-ce que le vin t'est monté à la tête ? Je me coucherais bien ici avec toi, mais je n'ai pas le temps. Allons, je vais te mener. Ah ! comme tout marche bien à la maison. C'est un plaisir de voir ça ! Y a un accordéon. Les femmes jouent. Oh ! c'est très bien ! Tous ivres ! Bien honnête, bien jolie...

NIKITA.

Qu'est-ce qui est joli ?

ANICIA.

La noce ! Une noce bien gaie ! Tout le monde dit : — « Une noce pareille, c'est rare ! » Tout se passe si honnêtement, si bien ! Va donc ! Allons ensemble !... Moi j'ai bu, mais je peux te mener ! (Elle le prend par la main.)

NIKITA, retirant sa main avec dégoût.

Va seule ! je te suis.

ANICIA.

Ne fais pas de manières. Tous nos malheurs sont finis.. La rivale est liquidée, maintenant, nous n'avons qu'à nous laisser vivre et à nous réjouir... Tout est arrangé honnêtement, selon la loi... Je suis si contente ! Je peux pas te dire !... C'est comme si je me mariais une seconde fois ! Ah ? comme le monde est satisfait ! Tous nous remercient ! Et les invités sont tous des gens bien comme il faut : Ivan Mosieitch et monsieur l'Ouriadnick. Ils ont tous complimenté les nouveaux mariés.

NIKITA.

Eh bien, reste avec eux ! Pourquoi es-tu venue ?

ANICIA.

Il faut m'en retourner, c'est vrai ! Ce n'est guère convenable... des maîtres qui s'en vont et qui laissent là leurs invités... Et tous nos invités sont des gens si honorables !

NIKITA, se lève et secoue la paille attachée à son habit.

Allez, j'y vais tout de suite !

MATRIONA.

Il paraît que l'oiseau de la nuit chante mieux que l'oiseau du jour ! Il ne m'a pas écoutée et il suit tout de suite
sa femme. (Matriona et Anicia se dirigent vers l'izba.)

MATRIONA, se retournant.

Viens-tu ?

NIKITA.

J'y vais tout de suite. Allez, je vous rejoindrai. J'irai...
Je donnerai ma bénédiction. (Les femmes s'arrêtent.) Allez ! Je
vous suis, allez-donc ! (Les femmes s'en vont, Nikita les suit des yeux,
pensif.)

SCÈNE X

NIKITA, seul, puis MITRITCH.

NIKITA, se rasseyant, se déchausse.

Vous pouvez m'attendre ! Ah ! non ! Vous me chercherez...
sur la poutre, si je ne suis pas là... Une fois le nœud coulant
fait, allez !... En bas ! cherchez après ! Heureusement, les
rênes sont ici ! (Il reste pensif.) Une autre peine, n'importe la-
quelle... on peut s'en débarrasser, mais celle-là... elle est
ici... dans mon cœur !... Ça ne s'enlève pas ! (Il regarde du côté
de la cour.) Elle revient encore ! (Contrefaisant Anicia.) Ah ! que c'est
joli ! Et comme il faut ! Je vais me coucher près de toi !
Ah ! sale catin ! Eh bien ! tiens ! Embrasse-moi quand on
me décrochera ! Ce sera fini, une fois pour toutes ! (Il saisit
brusquement la corde et la tire à lui.)

MITRITCH, se soulève sans lâcher la corde. Il est ivre.

Donnerai pas ! La donnerai à personne ! Je l'apporterai
moi-même. Si j'ai dit que j'apporterais la paille, je l'ap-

porterai. C'est toi, Nikita! (Il rit.) Ah! diable! Tu viens chercher de la paille?

NIKITA.

Donne la corde?

MITRITCH.

Ah! non, attends! Les paysans m'ont envoyé... Je vais ramasser... (Il se lève et veut ramasser de la paille, mais il chancelle. Il s'obstine et finit par tomber.) C'est l'eau-de-vie qui est plus forte! Elle l'a emporté!

NIKITA.

Donne les rênes.

MITRITCH.

Je te dis que non. . Ah! Nikita, tu es bê'e comme une oie! (Il rit.) Je t'aime!... Mais tu es bête... Tu n'es pas content... parce que je me suis remis à boire! Ah! bien! Je me fiche pas mal de toi! Tu crois que j'ai besoin de toi?... Regarde-moi bien! Je suis sous-officier! Imbécile, tu ne ne saurais pas dire : — « Sous-officier au Ier régiment de grenadiers de Sa Majesté l'impératrice! » J'ai servi le tsar et ma patrie avec fidélité et honneur. Et qui suis-je? Tu penses que je suis un guerrier. Je ne suis pas un guerrier, moi! je suis le dernier des hommes, je suis orphelin, je suis un noceur! J'ai juré de ne pas boire et me voilà encore parti!... Eh bien! Tu penses que je te crains? Pas le moins du monde! Je ne crains personne! J'ai commencé à boire? Eh bien! J'ai commencé, v'la tout!... Maintenant, je ne cesserai plus pendant au moins deux semaines.... Je m'arrangerai bien... Je boirai tout jusqu'à ma croix! Je boirai ma casquette! Je mettrai en gage mes papiers! Je ne crains personne!...On m'a battu de verges au régiment pour m'empêcher de boire..... On m'a fouetté, fouetté!... — Eh bien, me disait-on, continueras-tu? — Oui! que je répondais. Pourquoi craindre? Voilà comme je suis! Je suis tel que le bon Dieu m'a fait. J'avais juré de ne pas boire, je ne buvais pas! Maintenant j'ai commencé, et je bois... Je ne crains personne. Je ne mens pas... Je dis ce qui est. Pourquoi les craindre, ces chameaux-là? Tenez! me voilà! Un pope me disait : — « Le diable est le plus grand vantard de la terre, aussitôt que tu commences à te vanter, tu perds toute ton énergie et quand tu n'as plus de courage devant les gens, il met tout de suite le grappin sur toi et il t'emporte où il veut! » Mais comme je n'ai peur de personne, que ma conscience est nette, je suis tranquille! Je me fiche de lui! Il ne me fera rien, là!

NIKITA, se signant.

Et moi, que fais-je donc ? (Il lâche la corde.)

MITRITCH.

Quoi ?

NIKITA, se lève.

Tu dis qu'il ne faut pas avoir peur des gens.

MITRITCH.

Avoir peur d'un tas de chameaux ! Regarde-les donc au bain. Tous faits de la même pâte : les uns ont le ventre un peu plus gros, les autres plus petit. Voilà toute la différence. Et en avoir peur !

SCÈNE XI

NIKITA, MITRITCH, MATRIONA.

MATRIONA, sortant de l'izba.

Eh bien, viens-tu ?

NIKITA.

Oui! ça vaudra mieux, j'y vais ! (Il se dirige vers l'izba.)

Rideau.

DEUXIÈME TABLEAU.

Le décor change. Intérieur de l'izba au 1ᵉʳ acte. L'izba est pleine de gens assis et debout. A la place d'honneur Akoulina et son fiancé. Sur la table, les saintes images et le pain. Parmi les invités, Marina, son mari et l'Ouriadnick. Les femmes chantent. Anicia verse à boire. Les chants cessent.

SCÈNE PREMIÈRE

ANICIA, MARINA, SON MARI, AKOULINA, SON FIANCÉ, UN COCHER, L'OURIADNICK, LES MARIEURS, LE GARÇON D'HONNEUR, MATRIONA, LES INVITÉS.

LE COCHER.

Faudrait bien partir! L'Eglise est loin d'ici.

LE GARÇON D'HONNEUR.

Attends un peu! Le beau-père va venir donner sa bénédiction. Mais où est-il donc?

ANICIA.

Il va venir tout de suite, mes chers. Prenez donc encore un verre... ne me refusez pas.

LA MARIEUSE.

Pourquoi ne vient-il pas? Il y a bien longtemps que nous l'attendons.

ANICIA.

Il va venir, il va venir tout à l'heure. Il sera là dans moins de temps qu'il n'en faut à une femme chauve pour se peigner. Prenez donc, mes chers ! (Elle offre du vin. Il vient tout de suite. Chantez donc, mes belles, quelque chose en attendant.

LE COCHER.

On a déjà chanté tout ce qu'on savait. (Les femmes chantent Nikita et Akim entrent.)

SCÈNE II

Les Mêmes, NIKITA et AKIM.

NIKITA, tenant Akim par la main et le poussant devant lui

Va, mon père ! Je ne peux pas me passer de toi.

AKIM.

Je n'aime pas, vois-tu, ça...

NIKITA, aux femmes.

Assez, taisez-vous ! (Il regarde tout le monde.) Marina, es-tu ici ?

LA MARIEUSE.

Allons, prends l'image et donne ta bénédiction.

NIKITA.

Attends un peu ! (Il regarde de nouveau.) Akoulina, es-tu ici ?

LA MARIEUSE.

Pourquoi fais-tu l'appel ? Où peut-elle être ? Il est drôle.

ANICIA.

Ah ! mes amis, mais il est pieds nus !

NIKITA.

Père, tu es ici, regarde-moi ! Chrétiens, mes frères !
Vous êtes tous ici, et moi, me voilà ! (Il tombe à genoux.)

ANICIA.

Mon petit Nikita, qu'as-tu donc ? O ma tête!

LA MARIEUSE.

Eh bien en voilà!

MATRIONA.

Je l'ai bien dit, il a trop pris de vin français ! Réveille-
toi. Qu'est-ce que tu fais ! (Elle veut le relever, mais il ne fait attention à personne et regarde droit devant lui.)

NIKITA.

Chrétiens, mes frères, je suis coupable ! Je veux me
confesser !

MATRIONA, le tirant par l'épaule.

Es-tu fou ? Mes chers, il a l'esprit dérangé, il faut l'emmener.

NIKITA, l'écartant d'un coup d'épaule.

Laisse ! Et toi, père, écoute! Et d'abord: Marina, regarde ici ! (Il se prosterne devant elle et se relève.) Je suis coupable
envers toi! Je t'avais promis le mariage, je t'avais séduite!
Je t'ai trompée, je t'ai lâchée ! Pardonne-moi, au nom du
Christ ! (Il 'incline de nouveau.)

ANICIA.

Qu'est-ce que c'est que toutes ces histoires ? Ça ne te va
pas du tout. Personne ne te demande rien. Lève-toi! Assez
de farces !

MATRIONA.

Oh ! Il est ensorcelé ! Que lui arrive-t-il ? On lui a dé-
traqué le cerveau ! Lève-toi ! ne dis pas de bêtises !
(Elle le tire.)

NIKITA, secouant la tête.

Ne me touche pas, donne-moi! Par Marina ! J'ai

péché envers toi, pardonne, au nom du Christ ! (Marina se cache le visage et ne répond rien.)

ANICIA.

Lève-toi, je te dis, ne fais pas d'histoires ! Voilà maintenant qu'il s'est mis à se rappeler…. J'ai honte ! O ma tête ! Est-ce qu'il est fou ?

NIKITA, écartant sa femme, et se tournant vers Akoulina.

Akoulina, c'est à toi que je parle maintenant ! Ecoutez, chrétiens, mes frères ! je suis damné ! Akoulina, je suis coupable envers toi ! Ton père n'est pas mort de sa bonne mort. On l'a empoisonné.

ANICIA, poussant un cri.

O ma tête! Qu'est ce qu'il fait !

MATRIONA.

Il n'a plus sa tête ! Emmenez-le donc ! (On s'approche, on veut l'emmener.)

AKIM, écartant tout le monde.

Attendez ! Vous, braves gens, voyez-vous…. ça… Attendez !…

NIKITA.

Akoulina, c'est moi qui l'ai empoisonné ! Pardonne-moi, au nom du Christ!

AKOULINA, s'avançant.

Il ment ! Je connais le coupable.

LA MARIEUSE.

Qu'as-tu donc ? Reste assise !

AKIM.

Oh ! mon Dieu, quel péché, quel péché !

L'OURIADNICK.

Empoignez-le ! Envoyez-moi le starosta ! Je vais dresser procès-verbal. Lève-toi, viens ici !

AKIM, à l'ouriadnick.

Eh ! vois-tu, ça... toi,.. l'homme aux boutons d'argent.. ça, vois-tu, attends ! Il va parler... ça.

L'OURIADNICK.

Toi, mon vieux, ne te mêle de rien. Je dois dresser, procès-verbal.

AKIM.

Ah! quel homme !.. Je te dis, attends ! Ne parle pas de procès-verbal, vois-tu, ça... C'est d'une affaire de Dieu qu'il s'agit ici ! Un homme se confesse ! Et toi, ça, tu viens parler de procès-verbal !

L'OURIADNICK.

Le starosta !

AKIM.

Laisse finir l'affaire de Dieu!... Et après, vois-tu, ça fais ton devoir !

NIKITA.

J'ai encore à confesser, Akoul'na, un grand péché envers toi ! Je t'ai séduite.. pardonne-moi, au nom du Christ ! (Il s'incline.)

AKOULINA, se levant.

Laissez-moi ! Je ne veux plus me marier ! C'est lui qui me l'avait ordonné ! Maintenant, je ne veux plus !

L'OURIADNICK.

Répète ce que tu as dit.

NIKITA.

Attendez, monsieur l'Ouriadnick, laissez-moi finir !

AKIM, enthousiasmé.

Dis, mon enfant, dis tout!... Tu t'allégeras... Confesse-toi à Dieu ! Ne crains pas le monde! Dieu ! Dieu ! Le voilà !

NIKITA.

J'ai empoisonné le père, j'ai séduit la fille, moi, misérable que je suis ! J'avais pouvoir sur elle et j'ai tué son enfant !

AKOULINA.

C'est la vérité !

NIKITA.

Dans la cave, j'ai écrasé son enfant sous une planche. Il était sous moi.. Je l'ai écrasé et ses petits os craquaient. (Il pleure.) Et je l'ai enfoncé dans la terre ! C'est moi qui l'ai fait... moi seul !

AKOULINA.

Il ment ! C'est moi qui le lui ai ordonné !

NIKITA.

Ne me défends pas ! Maintenant, je ne crains personne ! Chrétiens, mes frères, pardonnez-moi ! (Il se prosterne.)

(Une pause.)

L'OURIADNIK.

Liez-le ! Votre noce, braves gens, est finie !
(On s'approche de Nikita et on le lie avec des ceintures.)

NIKITA.

Attendez ! Vous aurez le temps ! (Il se prosterne devant son père.) Père chéri, pardonne-moi aussi, moi, le damné ! Tu m'as bien averti, quand j'ai commencé à me débaucher, tu m'as bien dit : — « Une fois que la patte est engluée, l'oiseau est bientôt pris ! » Et moi, misérable que je suis, je n'ai pas écouté ta voix et ce que tu as prédit est arrivé ! Pardonne-moi, au nom du Christ !

AKIM, transporté.

Dieu te pardonnera, mon enfant chéri ! (Il l'embrasse.) Tu ne t'es pas épargné ! Il t'épargnera. Dieu ! Dieu ! Le voilà !

SCÈNE III

LES MÊMES, LE STAROSTA.

LE STAROSTA, entrant.

Des témoins, il y en **a** assez ici.

L'OURIADNICK.

Nous allons l'interroger tout à l'heure ! (On lie Nikita.)

AKOULINA, s'avançant près de Nikita.

Je dirai toute la vérité. Interrogez-moi aussi !

NIKITA, lié.

Il n'y a pas à l'interroger. C'est moi qui ai tout fait.
C'était mon idée, je l'ai accomplie. Menez-moi où vous
voudrez. Je ne dirai plus rien !

Rideau.